히틀러의 성공시대 2

히틀러의 성공시대 2

김태권 글·그림

한겨레출판

작가의 말

새로운 히틀러가 나타날까?

　오늘날의 한국 사회는 히틀러가 출세할 당시의 독일 사회와 비슷할까 아닐까? 여러 해 동안 나는 이 문제가 궁금했다. 마침 운 좋게도 〈한겨레〉에 이 주제로 만화를 연재할 기회를 얻었다. 1년 남짓 작업하면서 답을 얻고 싶었는데, 아직도 잘 모르겠다. 어찌 보면 비슷하고 어찌 보면 다른 것 같다.

　먼저 우리 사회 그늘진 곳에서 자라나는 극우파 문제를 보자. 증오의 말을 쏟아내고 시민 사회를 저주하는 몇몇 극우논객과 여기 동조하는 이들이 눈살을 찌푸리게 한다. 일본 사회의 '넷우익'이 문제가 된 것처럼 우리 사회에서도 몇몇 웹 사이트들이 자주 물의를 빚는다. 극우세력이 차근차근 자기 목소리를 키워가는 과정은 당시 독일 상황과 닮아 보인다.

　하지만 잘 보면 다르다. 사이버 공간에 신세 한탄이나 늘어놓는다고 그들을 1920~30년대 독일의 극우세력과 비교할 수는 없다. 나치 돌격대(SA)는 군사 훈련까지 받는 준군사 단체였다. 히틀러가 집권하기 한참 전에도 시내 한복판에서 총을 쏴대고 정치적 반대자들을 때려죽이는 짓을 마다하지 않은 살인 집단이었다. 여기 비하면 우리 사회 극우파는 얌전해 보이기까지 하다. 오늘날 되살아난 서구 극우파들과 비교해도 아직 안전한 편이다. 극우 성향을 가졌다는 이유만으로 히틀러와 똑같다고 말할 수는 없다. 일단은 마음을 놓을 수 있는 대목.

　우리 사회 양지에서 활약하는 주류 우파는 어떨까. 한국 사회의 이른바 '기득권층'을 보면 군사정권 시절의 권위주의를 그리워하고 이제 막 자리를 잡아가는 민주주의를 못 받아들이겠다는 분들이 있다. 사람들이 자기네 의견에 일방적으로 따라주길 바라고 소통을 싫어하여, 미디어 장악에 열을 올린다. 바이마르 공화국에서나 지금 우리 사회에서나 비슷하다. 이런 분 가운데 몇몇이 기득권을 포기할 상황에 몰리면 지푸라기 잡는 심정으로 극우 세력을 키워줄 것이다. 당시 독일의 일부 정치인이 히틀러를 밀어준 사연이 그랬듯이(믿는 도끼에 발등 찍힌다고, 결국 히틀러에게 이용만 당하고 버림받았지만 말이다).

　반면 한국 사회의 주류 우파를 그렇게 나쁘게 봐야 할지는 의문이다. 사람마다 의견이 다르겠지만 나는 그이들의 건전한 상식을 조금 더 믿고 싶다. 몇 대 이상 내려오는 명문 귀족이 있지도 않고, 사회 분위기도 좋은 부모를 둔 것보다는 자수성가한 것을 귀히 여긴다. 물론 사회 양극화가 더욱 심해지고 부의 세습이 이루어져 신분이 고착된다면, 다음 세대 이후로는 어찌 될지 모르는 일이지만.

　새로운 히틀러의 출현 앞에 우리 사회는 안전할까 아닐까? 걱정되는 대목도 없지 않지만 대체로 안전한 것 같다. 다만 하나, 마음에 걸리는 부분이 있다. 히틀러가 집권하기 직전 독일 사회의 키워드는 불관용이었다. 사형제를 부활시키자는 주장과 정신적·유전적 장애를 겪는 사회적 약자의 인권을 인정하지 않는 목소리가 터져 나왔다(이 책 4장 2화). 유대인과 동성애자 등 소수자를 배척하는 이들도 늘어났다. 지금 우리 모습과 비교하면 마음이 불편하다. 우리 사회의 약한 고리 또한 사회 전반에 관용과 공존의 정신이 부족한 점 아닐까. 누군가 못된 마음을 품고 이 약한 고리를 파고든다면, 우리는 새로운 히틀러를 막을 수 있을까?

2013년 6월
김태권

• 차 례 •

작가의 말 ▪ 4
새로운 히틀러가 나타날까?

1장

선거 이후의 정치 지형

1 대권을 둘러싼 8인의 정객   11
   친절한 페이지: 선동 연설가 히틀러 ▪ 20

2 위기의 돌격대   21
   친절한 페이지: 선전과 선동 ▪ 32

3 돌아온 돌격대장 룀   33
   친절한 페이지: 발터 슈테네스 ▪ 42

4 브뤼닝 총리의 시름   43
   친절한 페이지: 사회민주당의 용인 정책 ▪ 56

5 헛물켜는 후겐베르크   57
   친절한 페이지: 하르츠부르크 전선 ▪ 66

6 연임을 노리는 대통령   67
   친절한 페이지: 바이마르 공화국의 역사 ▪ 76

2장

살 떨리는 1932년 대선

1 히틀러의 대권 도전   79
   친절한 페이지: 하인리히 브뤼닝 ▪ 90

2 브뤼닝과 '비판적 지지'   91
   친절한 페이지: 철모단 지도자 뒤스터베르크 ▪ 100

3 단일후보냐 독자후보냐   101
   친절한 페이지: 에른스트 텔만 ▪ 110

4 대선과 그 결과   111
   친절한 페이지: 준군사조직 ▪ 126

3장

돌격대 문제, 파국의 첫 단추

1 슐라이허의 야심과 음모   129
   친절한 페이지: 정당의 상징 색 ▪ 138

2 브뤼닝의 어이없는 실각   139
   친절한 페이지: 빌헬름 그뢰너 ▪ 150

3 돌격대, 두 번 살다   151
   친절한 페이지: 프로이센 쿠데타 ▪ 166

4 최종병기 총파업! 그러나   167
   친절한 페이지: 카프와 뤼트비츠의 쿠데타 ▪ 178

5 1932년 7월 총선   179
   친절한 페이지: 바이마르 공화국의 연정 ▪ 190

4장

주저앉을 뻔한 히틀러

1 좌절 그리고 전면전   193
   친절한 페이지: 만(卍)자문 상징 ▪ 202

2 불관용, 민주주의의 적   203
   친절한 페이지: 나치 시대의 우생학 ▪ 212

3 드디어 흔들리는 히틀러   213
   친절한 페이지: 막을 수 있던 성장 ▪ 222

4 위기일발 히틀러   223
   친절한 페이지: 총리 슐라이허 ▪ 232

5 다섯 정객의 동상이몽   233
   친절한 페이지: 옛 총리 공관 ▪ 242

6 히틀러 최대의 위기   243
   친절한 페이지: 슈트라서 위기 ▪ 252

7 벼랑 끝에서 살아 돌아오다   253
   친절한 페이지: 바이마르 시대의 자본가들 ▪ 262

5장

히틀러,
죽음의 승리

1 사상 최악의 총리 인선　　　　　265
　　친절한 페이지: 브란덴부르크 문 ▪ 274
2 강제로 하나 된 국민　　　　　　275
　　친절한 페이지: 포츠담의 날 ▪ 286
3 일체화냐 죽음이냐　　　　　　　287
　　친절한 페이지: 「분서」 ▪ 298
4 대숙청, '긴 칼의 밤'　　　　　　299
　　친절한 페이지: 나치 시대의 동성애 혐오 ▪ 312
5 히틀러가 돌아온다면　　　　　　313
　　친절한 페이지: 우리 사회는 인종차별에서
　　　　　　　　　　자유로운가 ▪ 328

FAQ: 히틀러에 대해 알고픈 것들 ▪ 330
히틀러 연표 ▪ 334
참고문헌과 더 읽을거리 ▪ 338

1장
선거 이후의 정치 지형

1

대권을 둘러싼 8인의 정객

- **1930**
  3월 27일, 좌우연정 붕괴, 정국은 안개 속으로.

- **1930**
  9월 14일, 총선에서 나치당 약진, 제2당으로 부상.

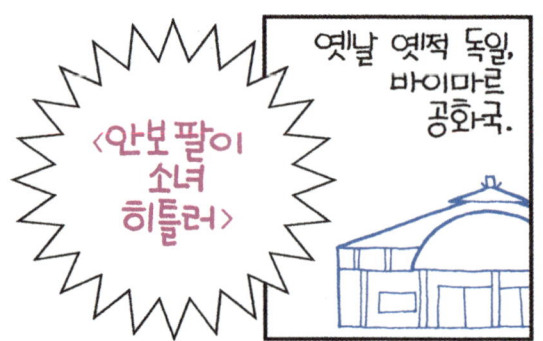

〈안보 팔이 소녀 히틀러〉

옛날 옛적 독일, 바이마르 공화국.

먹고살 길이 막막한 히틀러는 안보 장사에 나섰습니다.

안보 사세요, 콜록.

그러나 야박한 좌파 녀석들은 히틀러를 듣보잡 취급했습니다.

히틀러 소녀는 춥고 서러웠습니다.

두고 봐, 강제 수용소로 나중에 보낼 테니까!

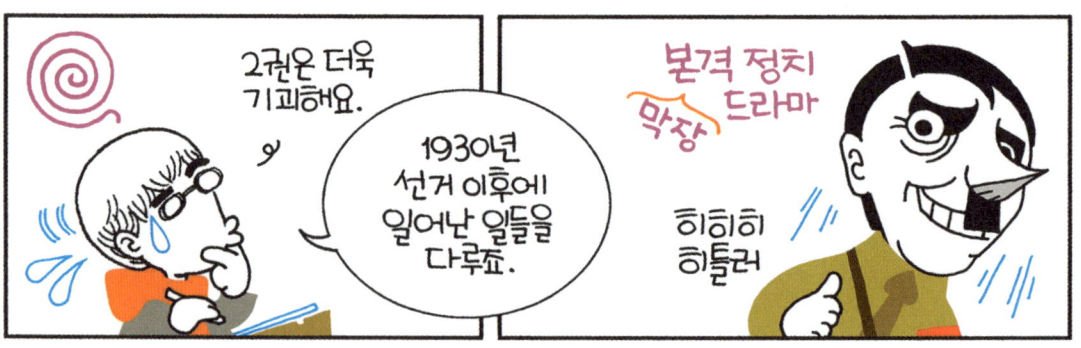

1930년 9월 ~34년 6월

이 과정은 고만고만한 우파 정객들이 대권을 둘러싸고 그들만의 리그를 펼친 역사이기도 하다.

히틀러, 대권을 향해 서두르기 시작한다!

대권 8강 서바이벌 개막!

선동 연설가 히틀러
Hitler als Propagandaredner

히틀러가 자신의 연설 자세를 연구하려고 찍은 사진

방방곡곡을 쳐들어가 전쟁을 펼치던 히틀러. 팽창주의자라는 이미지가 강하다. 왠지 히틀러의 연설도 세계 정복을 선동하는 내용이 아닐까 싶다. 그런데 실제로는 그렇지 않다. 히틀러는 사람들 앞에서 안보를 말했다. 세계 정복을 하려는 것은 적들이며 힘을 빼앗긴 독일은 생존을 위해 싸워나간다고 했다. 음모를 꾸미는 악당들은 언제나 유대인이나 공산주의자. 독일 민족은 인구가 늘어나는데도 적들의 음모 때문에 제대로 된 '생존 공간(Lebensraum)'조차 확보하지 못했다는 것이 히틀러의 주장. 나치의 망상 속에서 독일은 언제나 피해자였다. 히틀러에 따르면 자기들의 폭력은 자위권 발동일 뿐.

오늘날의 극우세력은 다를까? 세계 각지의 극우파들은 자신들이 억울하다고 한다. 외국인 혐오를 외치면서도 자기들이 차별받는다고 주장한다. 자신들이 대화를 시도해봤지만 시민 사회의 공격에 상처를 받아 원망과 증오가 생겼다는, 설득력 없는 변명을 하기도 한다.

위기의 돌격대

1²

○ **1930**
8월 30일, 선거전이 한창일 때 베를린 돌격대가 뮌헨의 나치당 지도부와 충돌.

○ **1931**
3월, 돌격대 갈등이 다시 고조되는 가운데 괴벨스가 암살 자작극을 연출.

옛날 돌격대(SA) 사정도 다르지 않은 듯.

어느 돌격대원의 편지(34세):

「나는 당을 위해 일하면서 서른 번 이상 법정에 섰으며 스무 번이나 부상을 입었다. … 한 푼도 당비를 받아본 적이 없이 내 돈을 쓰며 시간을 바쳤다. …나는 오늘 경제적 파탄을 앞두고…」

이렇듯 고생고생해서 당을 키워놨는데

당 간부들이 넙죽넙죽 후원을 받더니

호화 생활을 누리게 됐다.

나는 벤츠다

특히 헤르만 괴링은 사치로 유명했는데

헤헤헤 헤르만 괴링!
Hermann Göring
(1893~1946)

사실 그러고 다니라고 괴링을 모셔놓긴 했다.

부자친구를 소개 시켜줘!

괴링이 부유층과 어울린 **덕**에 당도 **덕**을 봤다.

덕덕 괴링

뮌헨의 당 지도부와
베를린 돌격대의
극한 대립.

사이에 끼어
난처한 괴벨스.

뮌헨에서
낙하산 보낸
베를린 관구장.

양쪽 눈치만 살피던 그가

아스팔트
보수냐,

...정통
보수냐?

마침내 회심의 꼼수를
던지는데!

괴벨스의
괴수작!

1장 선거 이후의 정치 지형

베를린 돌격대를 달콤한 말로 달래던 괴벨스.

히틀러 님도 본심은 우리와 같아.

괴링 같은 간신배가 문제일 뿐.

히틀러 님 만세, 흑!

그러나 책임 못 질 말.

그 무렵 이미 히틀러는…

1장 ✧ 선거 이후의 정치 지형

> 친절한
> 페이지

선전과 선동
Agitation und Propaganda

 가지런히 옷을 맞춰 입고 줄지어 도심을 행군하는 1920~30년대 돌격대(SA)의 모습은 오늘날 관찰자의 눈에는 신기하기만 하다. 오늘날에는 그렇게 하지 않으니까. 혹시 점잖은 정치판에 이러한 시끌벅적한 선전 선동을 끌고 들어온 것이 나치당(NSDAP)의 성공 비결(?)이 아닐까 생각할지도 모르겠다.

 그런데 바이마르 공화국 당시에는 드문 일이 아니었다. 옷을 맞춰 입고 줄지어 도시를 누비는 것은 다른 당에서도 늘 하던 대로였다. 단체도 워낙 많고 정당의 청소년조직 역시 좌익과 우익을 불문하고 성행했다. 어느 정치 집단이나 선정적이고 공격적인 포스터를 방방곡곡에 도배했다. 오늘날 한국 사회에 사는 우리가 보기에는 정치의 시대였다고나 할까.

 이런 상황에서 눈에 띄려면? 신생 정당에 후발주자였던 나치당은 무리수를 둔다. 의견이 다른 사람들을 습격하고 폭력을 행사했다. 미움을 사더라도 관심을 받겠다는 것이다. 그래서인지 당시 기록을 보면 나치당이 확실히 눈에 띄긴 했다. 이걸 성공이라 부를 수 있을까? 아무튼 이게 습관이 되었는지, 집권 이후에도 나치는 갈수록 과격해졌다. 전쟁 기간 나치 독일이 저지른 과격한 범죄들도 여기서 근원을 찾을 수 있을 것이다.

1³

돌아온 돌격대장 룀

- **1930**
  연말, 에른스트 룀이 돌아와 돌격대 참모장을 맡음.

- **1931**
  4월, 이른바 '슈테네스 반란'과 뒤이은 대숙청.

위기를 먹고 자라는 행동우익.

히틀러 패거리 역시 위기를 키워 재미를 봤다.

그러나 베를린 돌격대처럼 너무 나대면 역효과가 난다는 사실.

요즘 말로 **아스팔트 보수** vs. **정통 보수**

한심하군. 쯧쯧

뮌헨을 등지고 독일을 등지고 남미로 떠나버렸다.

룀이 맡은 일은 다름 아닌 베를린 돌격대의 숙청.

1장
선거 이후의 정치 지형

31년 4월, 열받은 돌격대원들이 베를린 당사를 점거하고 간부를 두들겨 팼다. 이것이 이른바 **슈테네스 반란**.

그러나 그걸로 반짝하고 **땡** 이었다.

아이고 살았다!

대규모 출당사태로 상황은 급마무리.

> 친절한 페이지

발터 슈테네스
Walther Stennes

풍운아 슈테네스(1895~1989)

　나치와 관련된 사람 가운데 특이한 삶을 산 사람이 많다. 발터 슈테네스는 그 가운데에서도 아주 파란만장한 인생 역정을 거쳐 왔다. 1차 대전에 참전한 후 민주주의 공화국에 쉽게 적응하지 못하고 나치 돌격대에 가입, 열심히 활동하여 돌격대 지휘관에 올랐다. 당 지도부와 갈등을 빚다가 1931년 이른바 '슈테네스 반란(Stennes-Putsch)'을 일으키고 출당당한다. 이후 극렬한 반나치 활동가로 변신, 1933년 히틀러가 집권하자 가족과 함께 외국으로 이주한다. 중국에 머물며 장개석의 군사 고문이 되어 항일투쟁을 돕는다.

　뒷이야기가 있다. 슈테네스는 장개석 군대에 몸담으며 소련의 비밀 요원 역할을 했다고. 당시 스탈린은 모택동 대신 장개석을 밀었다. 한때의 반공투사가 소련 공산당을 위해 일하다니, 극과 극은 통한다는 걸까?

1⁴

브뤼닝 총리의 시름

○ **1930**
3월 30일, 하인리히 브뤼닝이 총리가 됨.

이번에는 당시 독일의 총리 브뤼닝이 어떤 이였는지 살펴보자.

브 총리

브뤼닝도 우익은 우익이었지만 정권의 다른 실세들과는 결이 좀 달랐다.

복잡하지?

이 시대가 원래 그래.

사람의 의견이 참으로 다양하다는 사실을...

우리는 종종 잊곤 합니다. **정치의 계절** 에는 특히.

진보도 진보 나름이고

보수도 여러 보수가 있다.

1장 선거 이후의 정치 지형

대통령 쪽에서 도와준답시고 꼼수들을 날렸는데,

꼼수 슝슝 슐라이허

이것이 상황을 최악으로 만들었다.

하잉

의회 없이 입법해 주겠다며 **긴급명령권**을 발동했는데

「브」총리, 우리가 돕겠소!

열받은 의회가 법안을 폐기시켰다.

제1당 사회민주당(SPD)은 온건 성향의 좌파였다.

1930년 총선 포스터

아돌프 히틀러,
난폭한 성격의 길바닥 극우파,
아는 것 없음, 내세울 것 없음,
콤플렉스 심한 독동.

히히히
히틀러

정통 우파 대부분은 히틀러를 싫어했지만

경멸
경멸

그래도 맡어주겠단 이들이 있었다.

흐흐흐

하인리히 브뤼닝,
중도 성향의 엘리트 보수,
공부 많이 한 경제통,
싸움 못하는 모범생 타입.

하잉하잉 하인리히

히틀러 대 브뤼닝,
둘은 달라도 너무 달랐다.

정작 본인은 중도 우파인데

수구세력의 지지를 받고

중도 좌파가 용인해준 덕분에 버티는 묘한 형국.

1장 ✦ 선거 이후의 **정치 지형**

이거야말로 〈미션 임파서블〉이 아닌가.

길들여지지 않는
나란 남자
나쁜 남자.

야성남
짐승남

과연 히틀러는
나타나자마자
장광설을 늘어
놓았다.

…아오,
짜증나.

사회민주당의 용인 정책
Tolerierungspolitik der SPD

경제통이라던 하인리히 브뤼닝. 극심한 불황에 총리(1930~1932년 재직)가 되더니 긴축 정책을 펼쳤다. 배상금 문제를 해결할 묘수였다고는 하지만, 안 그래도 어렵던 보통 사람의 살림은 더욱 어려워질 뿐이었다.

정치적으로도 힘에 부쳤다. 브뤼닝이 몸담은 정당은 이름부터가 중앙당(Zentrum). 정치 지향은 중도 우파. 좌우 대립이 극한으로 치닫던 당시로서는 이 노선을 견지하기가 어려웠다. 그나마 브뤼닝이 버틸 수 있었던 것은 중도 좌파인 제1야당 사회민주당(SPD)이 용인해줬기 때문이다. 브뤼닝 내각을 흔들어 무너뜨릴 기회가 여러 번 있었지만 사회민주당은 그러지 않았다. 브뤼닝 대신 극우파가 득세할까 두려웠기 때문이다.

브뤼닝을 적극 지지하지는 않지만 굳이 반대하지도 않는 용인 정책. 민주공화국을 유지하기 위한 고육책이었지만, 1932년 브뤼닝이 물러날 때까지 사회민주당은 울며 겨자 먹기로 끌려다녔다. 정국 주도권을 스스로 포기한 셈. 유권자들은 실망했고 사회민주당은 줄곧 지켜오던 제1당 자리도 나치에 내줘야 했다.

1⁵

헛물켜는 후겐베르크

○ **1931**
10월, 극우파들의 집회, 이른바 '하르츠부르크 전선' 결성.

알베르트 크렙스의 회고:
「히틀러가 브뤼닝을 싫어하게 된 것은 대화를 나누면서 심한 열등감을 느꼈기 때문일 것.」

그러다가 분위기가 뒤집혔으니…

창밖에 들리는 **돌격대(SA)** 소리에 히틀러의 말문이 트인 것이다.
…어떻게 때마침 돌격대가?

1장 ✦ 선거 이후의 **정치 지형**

브뤼닝 내각을 흔들기 위한 극우파의 회맹에 참여한 것.
(이 모임을 **'하르츠부르크 전선'**이라 부른다.)

하르츠부르크 전선
Harzburger Front

1931년 10월 10일, 하르츠부르크의 후겐베르크

　민주공화국의 타도를 위해 흩어져 있던 극우세력이 모였다. 1931년 10월, 휴양도시 하르츠부르크에서 독일민족국민당(DNVP)과 철모단(Stahlhelm) 그리고 히틀러의 나치당 등이 거창한 회합을 가졌다. 여러 해 전부터 알프레트 후겐베르크가 꿈꾸던 이벤트였다. 1929년 영 안(Young Plan) 반대 운동을 통해(『히틀러의 성공시대』 1권 165~166쪽) 극우세력의 연대를 도모하던 후겐베르크. 2년 만에 다시 모여 민주주의에 대한 싸움을 선포했다. 사람들은 이를 '하르츠부르크 전선'이라 부르며 두려워했다.

　이에 맞서고자 같은 해 12월, 사회민주당과 자유 노조 등 중도 좌파 세력은 철의 전선(Eiserne Front)을 결성한다. 극우·극좌·수구 등 반민주세력에 맞서 민주공화국을 수호하겠다는 것. 하르츠부르크 전선이니 철의 전선이니 이름은 거창하지만 둘 다 큰 힘은 없는 느슨한 모임이었다. 그러나 이 사건을 통해 당시의 심각한 좌우 갈등이 새삼 불거졌고, 히틀러는 자기에게 유리한 여론을 만들기 위해 이를 이용할 수 있었다.

1 6

연임을 노리는 대통령

○ **1925**
4월 26일, 무소속 후보 힌덴부르크, 대통령에 당선.

○ **1929**
연말, 대공황에 이은 정치 위기.

○ **1932**
3월, 대통령 선거.

1장
선거 이후의 정치 지형

그야말로 정국은 <대권 8강 서바이벌>!

룀, 슈트라서, 그리고 히틀러,

극우 정객 후겐베르크,

총리 브뤼닝과 대통령 힌덴부르크, 아직 이 만화에 등장도 안 한 파펜, …그리고 음모가 슐라이허.

> 친절한
> 페이지

바이마르 공화국의 역사
Geschichte der Weimarer Republik

1928년, 베를린 승전 기념탑 위로 날아가는 비행선

　1918년 11월, 1차 대전의 패배가 확실해지자 독일에서 혁명이 일어났다. 황제가 쫓겨나고 바이마르 공화국이 수립되었다. 공화국의 역사는 세 시기로 나눌 수 있다.

　1) 시련기(1919~1923): 전쟁의 피해가 큰 데다 하이퍼인플레이션(화폐 가치가 갑자기 확 떨어졌다)과 정치 테러까지 겹쳐 암울한 시기였다. 시내 한복판에서 대낮에 외무장관 라테나우가 기관총을 맞아 피살될 정도로 극우세력의 백색테러가 한동안 횡행했다.

　2) 황금기 또는 상대적 안정기(1924~1929): 중도 좌파와 중도 우파가 국정을 주도하며 민주주의가 정착한 듯 보이던 좋은 시절.

　3) 몰락기(1930~1933): 1929년 말 터진 대공황 때문에 경제는 위기 상황. 정국을 안정시키려던 '대통령 내각'이 오히려 정치 위기를 심화시킨다. 권력 핵심인사들이 이전투구를 벌이는 가운데 나치당이 세력을 불린다. 히틀러가 총리 자리를 차지하며 바이마르 공화국은 역사 속으로 사라진다.

2장
살 떨리는 1932년 대선

2

히틀러의 대권 도전

○ **1932**
2월 22일, 히틀러가 대선 출마를 선언.

히틀러 머릿속의 여러 히틀러들이 복잡한 **점수계산**을 벌이는데.

괴벨스가 머릿속에 난입하여 신중론을 때려눕힌다.

괴, 괴벨스! 내 머릿속엔 어떻게 들어왔냐?

크형! 지금 그게 중요한 게 아닙니다.

하인리히 브뤼닝
Heinrich Brüning

비운의 정치인 브뤼닝(1885~1970)

하인리히 브뤼닝이 총리로 있던 2년 동안, 바이마르 공화국은 사실상 몰락의 길을 걸었다. 브뤼닝만의 잘못은 아니겠지만 이 책임에서 자유로울 수는 없다. 브뤼닝이 딱한 면도 있다. 의회의 지원도 없는데 국정을 안정시켜야 했고, 경제 위기를 극복하면서 동시에 전쟁 배상금 문제를 해결해야 했다. 선거할 의지가 없는 대통령을 재선시키는 일까지 맡았다.

앞뒤가 맞지 않는 궂은일을 도맡았기 때문일까? 정책도 앞뒤가 맞지 않기 일쑤였다. 특히 공화국 타도를 외치던 히틀러와는 손을 잡을지, 맞서 싸울지 한동안 갈팡질팡했다. 브뤼닝은 공화국 몰락의 주범이었을까? 아니면 민주공화국을 지키는 마지막 보루였을까? 오늘날에도 연구자들의 의견이 엇갈린다고.

히틀러 집권 후에는 신변의 위협을 느끼고 미국으로 망명, 하버드 대학의 교수가 됐다. 2차 대전 이후 잠시 독일에 들어와 재기를 노려보지만 낙심하고 다시 미국행, 멀리 타향에서 영욕의 삶을 마무리한다.

2² 브뤼닝과 '비판적 지지'

○ **1932**
2월, 뒤스터베르크가 극우세력 후보로 추대되나 히틀러는 거부.
괴벨스가 발행하는 신문에서 뒤스터베르크의 '신상을 터는' 기사를 내보냄.

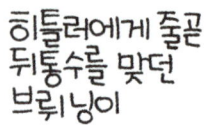

극우파 히틀러를 막는다!

그와 함께

1932년 대선 포스터

선거 이슈를 이렇게 가져가면 좌파 사회민주당도 독자후보를 안 내고 힌덴부르크를 찍어주겠지.

선거는 이길 수 있어.

그래서 세운 대선 쟁점이
···히틀러를 막는 선거.

Paul von Hindenburg ×2

뽕뽕

히틀러를 막을 후보는 오직 힌덴부르크뿐!

1932년 독일 대선, 총리 브뤼닝의 미션:

힌덴부르크 대통령을 재선시켜라!

좌파와 중도의 표를 끌어오면 가능하다.

브뤼닝

철모단 지도자 뒤스터베르크
Stahlhelmführer Duesterberg

1932년 2월, 대선 출마를 선언하는 뒤스터베르크

테오도어 뒤스터베르크(1875~1950). 프로이센의 군인이었다. 젊어서 동북아시아에서 지낸 일도 있다. 중국 의화단 운동을 진압한다며 서구 열강이 파견한 연합군의 일원이었다(1900~1902). 1차 대전이 끝난 후, 프란츠 젤테와 함께 제대군인의 조직 철모단의 우두머리가 된다.

뒤스터베르크는 1932년 대선에서 극우세력의 단일후보로 출마하려 했는데, 히틀러가 독자 출마를 강행하는 바람에 헛물켰다. 그뿐이 아니었다. 히틀러 선거운동본부는 뒤스터베르크의 조상 가운데 유대인이 있다는 점을 폭로했다. 상식적으로 이해가 안 가지만, 당시 극우세력 지지층에서는 유대인 혈통이 결격 사유라도 되었나 보다.

결국 1차 투표 이후에 후보직을 사퇴했다. 뒤스터베르크는 단단히 화가 났나 보다. 히틀러가 이듬해 정권을 잡고 장관 자리를 제안했는데 딱 잘라 거절했다. 이것이 나치의 노여움을 샀다. 함께 철모단을 이끌던 동료 젤테가 히틀러와 화해하고 나치 정권에 입각해서 잘나가는 동안, 뒤스터베르크는 다하우 수용소에 끌려가 한때 곤욕을 치렀다고 한다.

단일후보냐 독자후보냐

○ 1932
공산당의 텔만, 중도파와 온건 좌파의 대선 전략을 거부하며 독자후보로 출마.

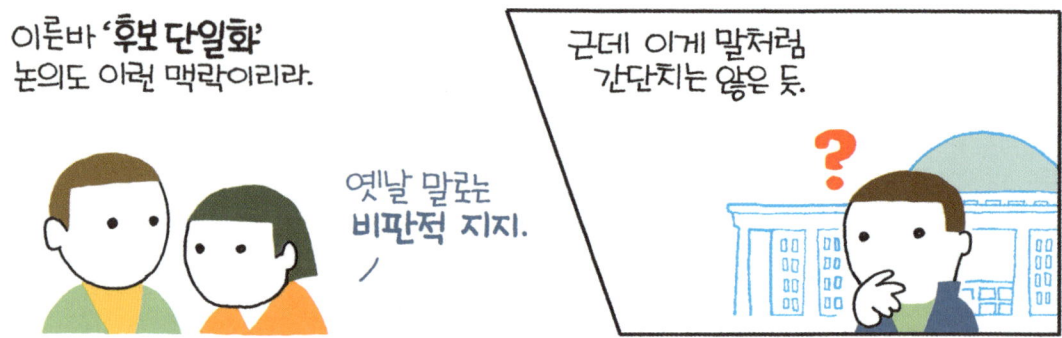

이 사람들 생각은 이렇다:

후보 단일화를 무시하다니, 히틀러가 당선돼도 상관없어?

사실 이 역시 틀린 말은 아니지요.

머리 아파

앞서 68쪽에서 보셨다시피
!...

텔만이 독자후보로 나오는 바람에 지난 1925년 대선에서 우파 후보한테 간발의 차로 패배한 기억이 있어 화가 많이 났을 겁니다.

얄궂죠?

...그런데 그때 그 우파 후보가 힌덴부르크.

서로 민망

그리하여 양쪽 주장이 모두 그렇고 그런 야릇한 상황!

아무튼… 온건 좌파와 중도파는 **단일후보 〈힌〉** 후보를 미느라 무리했고,

급진좌파 공산당(KPD)은 **독자 후보** 〈텔〉후보를 밀며 무리수를 뒀다.

아이고, 이쪽도 만만치 않네요.

「힌덴부르크를 찍으면 히틀러가 된다!」

「히틀러 되면 전쟁 난다!」

2장 ✦ 살 떨리는 1932년 대선

…양쪽의 **저주**가 모두 사실로 밝혀졌다는 것.

두 가지 상반된 **저주**가 어떻게 동시에 사실이 된담?

「불운한 체제여!」

어쨌거나, 히틀러가 집권한 다음에는 중도 좌파건 급진 좌파건 하나같이 곤욕을 치렀다.

…자기들끼리는 엄청 차이가 큰 것 같았겠지만, 밖에서 보면 별 차이가 없었던 것이다.

흑흑, 너희때문이다!

아니, 너희때문이야!

기왕 이렇게 될거, 힘을 합쳤으면 어땠을지 조심스럽게 상상해 봅니다만…

에른스트 텔만
Ernst Thälmann

독일 공산당(KPD) 지도자 텔만(1886~1944)

텔만에 대한 평가는 엇갈린다. 당시 독일 공산당의 관점에서 보면 이 이상 뚝심 있는 투사는 없을 것이다. 훗날 수용소에 끌려가서도 굴하지 않고 저항하던 기개 높은 사나이였다. 끝내 텔만이 뜻을 굽히지 않자 나치는 1944년에 그를 살해했다. 동독에서는 대단한 영웅으로 추앙받았다.

평가가 좋기만 한 건 아니다. 텔만이 경직된 노선을 고집하는 바람에 파시즘에 반대하는 세력이 힘을 모으지 못했다는 비판도 있다. 1925년과 1932년의 대선 전략은 지지자들 이외의 유권자들이 보기에는 밉상이었다(1932년의 2차 투표에서는 지지자들도 일부 등을 돌렸다).

중도 좌파 사회민주당(SPD)을 나치만큼이나 적대시한 정책도 비판 대상이었다. 이러한 비타협적인 태도는 실은 소련의 스탈린이 세운 방침이었다고 한다. 스탈린이 지지해준 덕분에 당내 권력을 잡은 텔만, 소련의 방침에는 무조건 따라가는 경향이 있었다.

24

대선과 그 결과

- **1932**
  3월 13일, 대통령선거 1차 투표.

- **1932**
  4월 10일, 대통령선거 2차 투표.

(패전이 확실해지자 혁명이 일어난 건데) 힌덴부르크는 줄곧 이렇게 우겼다:

"혁명 때문에 우리 군이 패전한 거다. 우리는 **등 뒤의 칼**을 맞았다."

등 뒤의 칼

1924년의 우익 선전물

현대사를 자기 맘대로 왜곡하고는
왜곡된 기억에 따라 좌파를 미워했다.

(이런 양반들, 요즘도 있다.)
4·19는 폭동!
5·18도 폭동!

2장 살 떨리는 1932년 대선

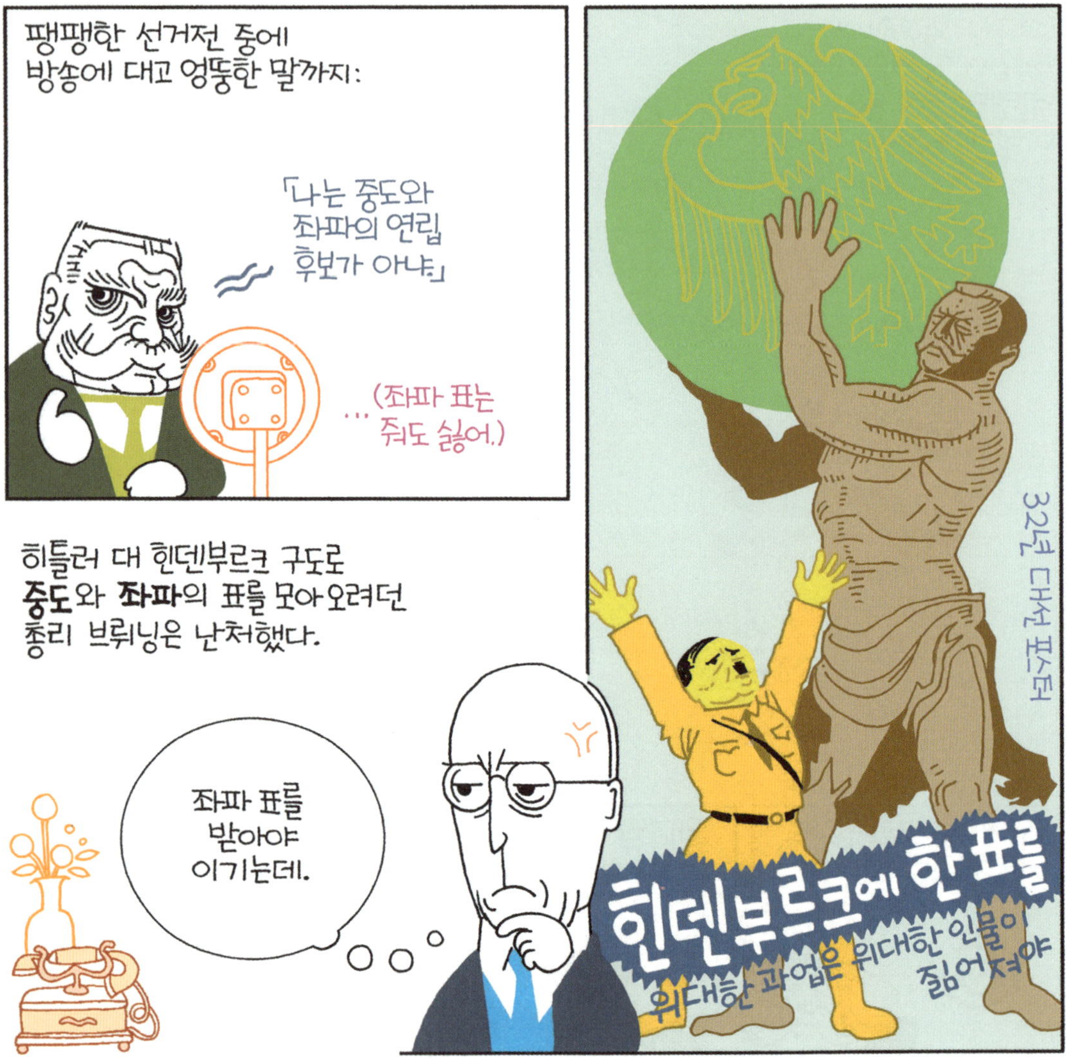

팽팽한 선거전 중에
방송에 대고 엉뚱한 말까지:

「나는 중도와 좌파의 연립 후보가 아냐」

…(좌파 표는 줘도 싫어.)

히틀러 대 힌덴부르크 구도로 **중도**와 **좌파**의 표를 모아오려던 총리 브뤼닝은 난처했다.

좌파 표를 받아야 이기는데.

32년 대선 포스터

힌덴부르크에 한 표를
위대한 과업은 위대한 인물이 짊어져야

114

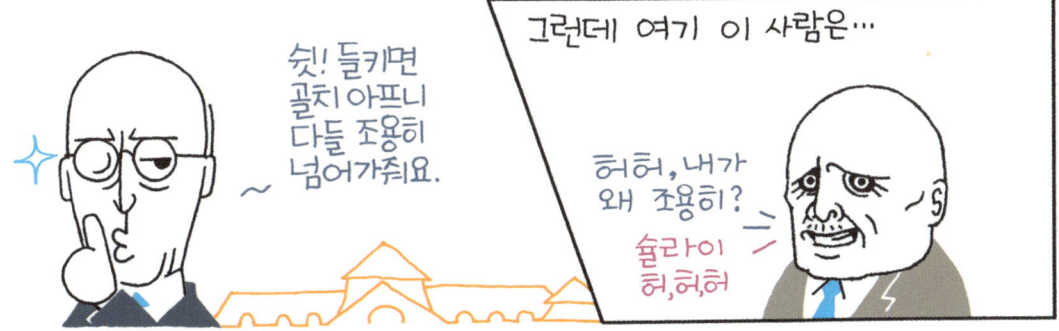

2장 살 떨리는 1932년 대선

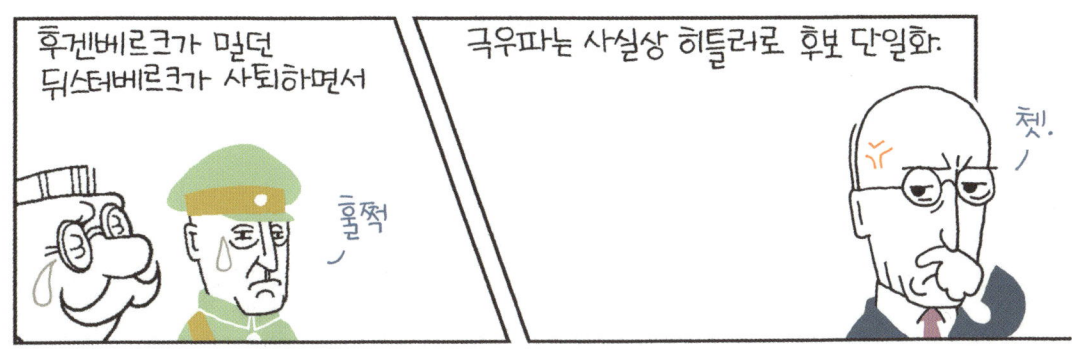

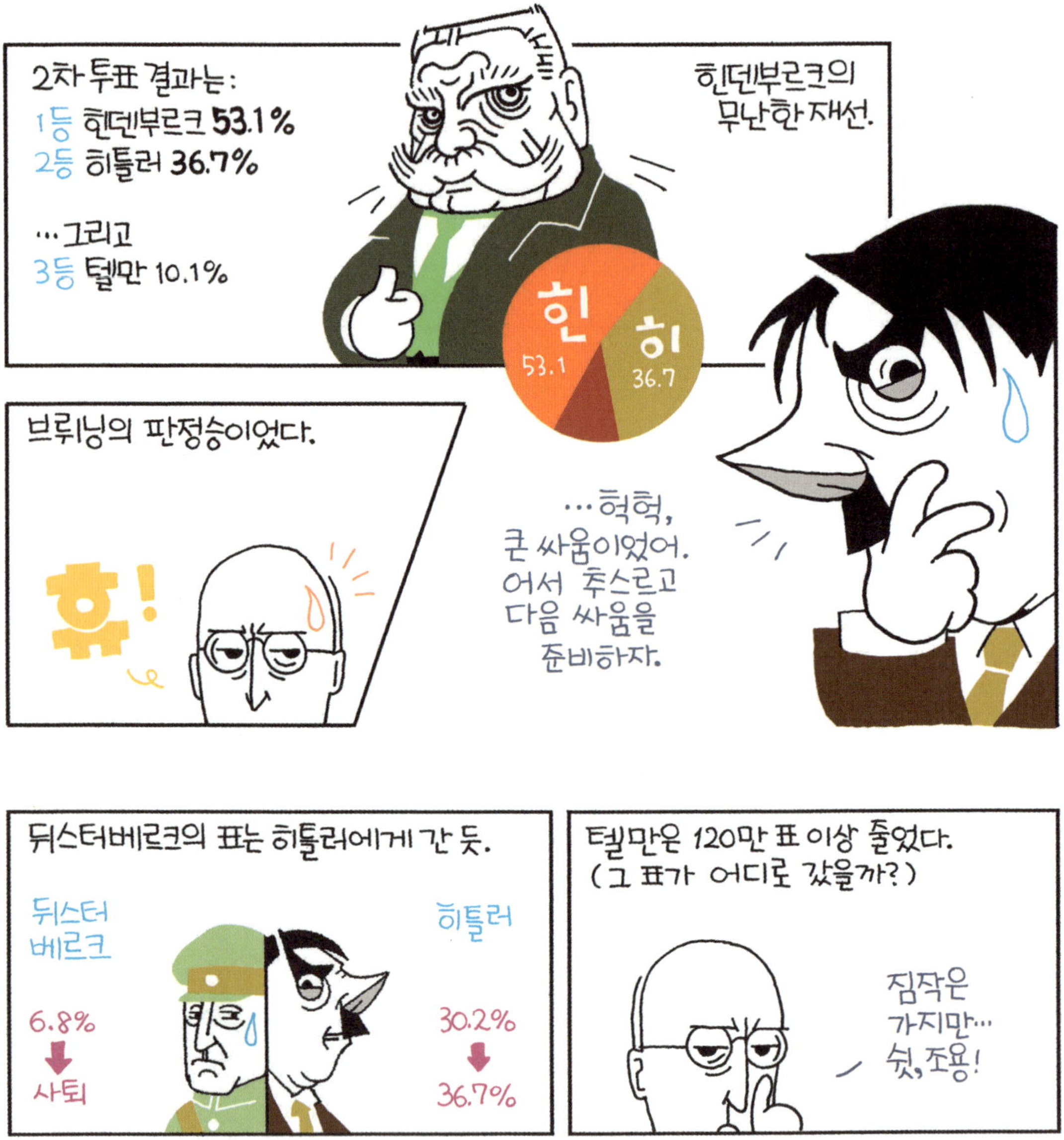

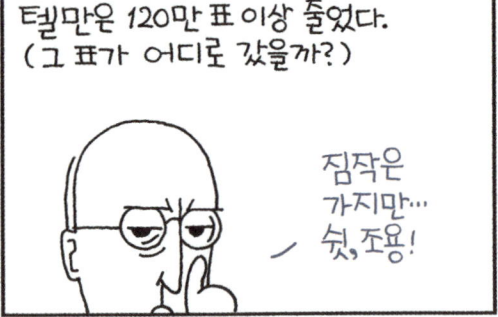

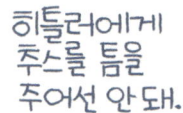

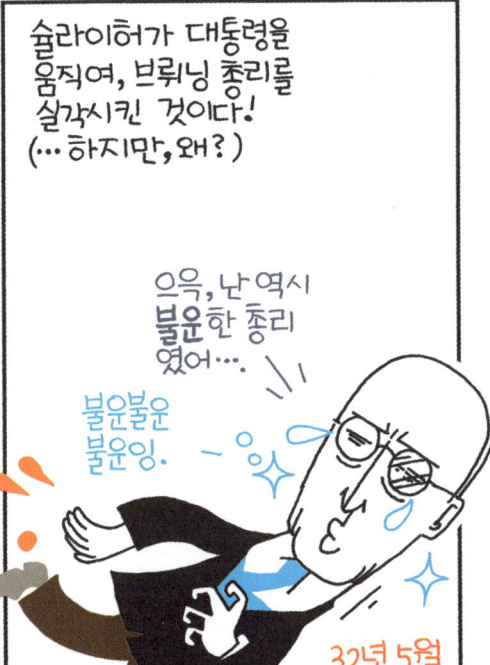

준군사조직
Paramilitärischer Verband

1927년 베를린, 텔만과 붉은전사동맹

정규군 말고 별도의 준군사조직이 따로 있다면? 그것도 극단적인 정치 성향을 지닌? 민주주의 사회를 유지하려면 사설 무장 단체를 규제하지 않을 수 없다. 그런데 무엇을 어떻게 단속하느냐를 두고 잡음이 생기기도 한다.

바이마르 공화국은 1929년 도심 한복판에서 경찰과 총격전을 벌인 공산당의 준군사조직인 붉은전사동맹(RFB)을 금지한 바 있다. 공화국 정부가 1932년 나치 돌격대를 금지하자 극우세력의 반발이 대단했다. 사회민주당 계열의 국기단(Reichsbanner Schwarz-Rot-Gold)은 왜 금지하지 않느냐며 언성을 높였다. 국기단은 '흑–적–금색의 국기'라는 원래 명칭에서 드러나듯 공화국 수호를 위한 조직이었다(민주공화국에 반대하던 세력은 이 국기를 인정하지 않았다. 1권 276쪽 참조). 유니폼을 맞춰 입고 거리를 행진한다는 사실 말고는 돌격대와는 성격이 달랐다. 그러나 당시 극우세력은 "돌격대를 금지한다면 국기단도 금지해야 형평성에 맞는다"는 억지를 쓰며, 1932년 정가를 한동안 뒤흔들었다.

기계적인 중립은 얼핏 중립에 맞는 것처럼 보일지 몰라도 실제로는 극단주의 세력한테 유리한 기회를 주는 것 같다. 오늘날에도 비슷한 상황을 자주 본다.

3장 돌격대 문제, 파국의 첫 단추

3
1

슐라이허의 야심과 음모

○ **1932**
  '돌격대 금지령'으로 나치당과 브뤼닝 정부가 갈등.

○ **1932**
  4월과 5월, 슐라이허와 히틀러의 비밀 회동.

3장 돌격대 문제, 파국의 첫 단추

…브뤼닝 편을 들면 지금 상태가 계속 이어지는 거야.

인기없는 정부, 불안정한 정국.

히틀러와 손잡으면? …그의 지지층이 우리 정부로 넘어올지도 몰라!

히틀러, 당신을 밀어주겠어! 대신에…

새로 들어설 우익 정권의 든든한 힘이 되어줘!

약속♡~

슐라이허의 새 정국 구상 (1932년 4월)

친절한 페이지

정당의 상징 색
Parteifarben

정당 정치가 오랜 세월 발전해온 나라들에는 정당마다 고유한 문화가 있다. 정당을 상징하는 색깔도 세대를 이어 내려온다. 바이마르 공화국도 이전부터 내려오던 정당마다의 상징 색이 있었다. 예를 들어 좌파 사회민주당은 적색이었다. 가톨릭의 종교색이 강하던 중앙당의 상징은 검은색. 가톨릭 성직자들이 검은 옷을 입기 때문이다. 신생 정당 나치당은 갈색이었다. 돌격대 옷 색깔이 상징색이 된 것이다. 그래서 당시 정치판을 기술한 책을 보면 '적색과 흑색의 불안한 연대'랄지 '흑색과 갈색의 연정 가능성'이랄지 하는 생소한 표현이 종종 등장한다.

독일 민주주의는 오늘날까지도 이러한 전통을 이어간다. 사회민주당은 여전히 적색. 중앙당의 검은색은 기독교민주연합(CDU)에 이어졌다. 동맹90/녹색당(Bündnis 90/Die Grünen)은 이름 그대로 녹색을 쓰고, 자유민주당(FDP)은 노란색을 상징으로 삼았다. 그래서 독일 정계에서는 다음과 같은 재미있는 표현을 사용하기도 한다. 신호등 연합(Ampelkoalition)은 적색, 노란색, 녹색의 조합으로, 사회민주당, 자유민주당, 녹색당의 정치적 연대를 의미한다. 그럼 자메이카 연합(Jamaika-Koalition)은? 기독교민주연합과 녹색당, 자유민주당의 조합이다. 자메이카의 국기가 검은색, 초록색, 노란색이기 때문이란다. 재치 있다.

3.2

브뤼닝의 어이없는 실각

- **1932**
  4월, 몇몇 지방의회 선거에서 나치당이 큰 성공을 거둠.

- **1932**
  5월 30일, 브뤼닝 총리의 해임.

- **1932**
  6월 1일, 파펜 총리가 '귀족 내각'을 구성하고 여론의 비웃음을 삼.

> 친절한
> 페이지

빌헬름 그뢰너
Wilhelm Groener

군부 인사 그뢰너(1867~1939)

바이마르 공화국과 군부의 미묘한 관계를 살펴보자. 안 그래도 강하던 독일 군부는 1차 대전 동안 더욱 강력해져 시민 사회를 억누르고 군부독재를 실시했다. 그러다가 패전이 확실해지자 시민들이 들고일어났다. 1918년 11월, 혁명이 터졌다. 그 당시, 군부 인사 그뢰너 장군은 온건 좌파 사회민주당의 에베르트를 만난다. 군부와 새로 수립된 공화국 정부 사이에 밀약이 이루어졌다.

좋게 말하면 정면충돌을 피하기 위한 현실적인 타협이었다. 군부는 꽉 틀어쥐고 있던 권력을 상당 부분 내려놓았다. 갓 태어난 민주공화국은 쿠데타 걱정을 한시름 덜 수 있었다. 나쁘게 말하면 군과 정치권 사이의 야합이었다. 정치권은 더 이상 군을 터치하지 않기로 했다. 군부는 '국가 안의 국가(Staat im Staate)' 노릇을 하며 근본적인 개혁을 거부했다. 그뢰너와 군부 인사들은 한편으로는 공화국을 물어뜯으려는 군부를 달래면서도 다른 한편으로는 내각에 들어가 군부의 입장을 대변했다. 어중간한 균형이고 불편한 동거였다.

그래도 공화국 입장에선 이때가 나았을지도 모른다. 1932년 그뢰너를 밀어내고 전면에 등장한 슐라이허는 민주공화국을 전복하고 과거의 권위주의 정권으로 회귀하고 싶어 했으니까.

3

돌격대, 두 번 살다

○ **1932**
6월 14일, 돌격대가 공권력을 비웃는 집회를 열지만 경찰은 진압하지 못함.

6월 16일, '돌격대 금지령' 철회. 이후 돌격대와 공산주의자 사이에 유혈 충돌.

7월 19일, 파펜의 주도로 프로이센 주 지방정부가 무너짐.

하루아침에 총리가 된
중고 신인 파펜.

파하하 파펜!~

곧바로 히틀러를 만났다.

히,히,히, 히틀러.

1932년 6월 초.

「나는 귀하의 내각을 한시적 대안으로 보고 있으며 우리 당을 가장 강한 당으로 만들기 위해 계속 노력할 것입니다!」

…뭐, 뭐지?

노동자 집회에는 총도 쏘던 경찰들이 괴벨스 앞에선 수줍어(?)했다.

나쳐다 보지 마.

결국 6월 16일, 돌격대 금지령 해제.
약속은 지켰다.

빨갱이를 때려 잡자!

3장 ✦ 돌격대 문제, **파국의 첫 단추**

성이 난 급진 좌파 청년들은 종종
돌격대와 뒤엉켜 싸웠는데

야속하게도 둘이 함께
욕을 먹곤 했다.

그때 급진 좌파가 좀
밉상이기는 했지.

물론

프로이센 주에서만 5주 동안 5백 건 가까운 충돌이 있었다.

프로이센은 당시 가장 크고 힘센 주였는데

프로이센의 주도가 바로 베를린, 독일의 수도죠.

좌파 '사회민주당(SPD)'이 주도하는 연정이 꽉 잡고 있었다.

자타가 인정하던 **공화국의 보루**.

당시 주지사
오토 브라운
Otto Braun

사회민주당 소속

주 내무장관
카를 제퍼링
Carl Severing

사회민주당 소속

162

7월 20일의 면담:

친절한 페이지

프로이센 쿠데타
Preußenschlag

쿠데타의 주역, 프란츠 폰 파펜(1879~1969)

1932년의 이른바 '프로이센 쿠데타'는 프로이센 지방정부를 물리력으로 전복시킨 사건이다. 당시 독일은 연방 공화국이었는데, 프로이센은 북부의 중요한 주였다. 프로이센 지방정부가 무너지면서 전체 공화국의 민주주의도 흔들렸다. 특히 프로이센의 연정을 이끌던 중도파와 좌파가 쿠데타에 따끔하게 대처하지 못해 인망을 잃었다. 뒤이은 선거에서 유권자들이 등을 돌린 것이다.

얄궂은 사실은, 쿠데타를 일으킨 세력이 듣보잡 세력도 아니고 군부도 아니고 중앙정부의 총리였다는 점. 얼마 전 바이마르 공화국의 총리가 된 프란츠 폰 파펜은 바이마르 공화국을 싫어했다. 그는 얼마 되지 않는 경찰을 투입하여 프로이센 지방정부의 주요 인사들을 체포했다.

총리의 명령으로 지방정부 인사들을 체포하다니, 얼핏 봐서는 쿠데타인지 아닌지 헷갈린다. 당시 사람들도 헷갈렸나 보다. 물리적인 저항을 하기엔 여론의 부담을 느낀 당사자들은 이 문제를 법정으로 가져갔다. 실수였다. 소송으로 시간을 끄는 사이 히틀러가 집권해버린 것이다.

3̸4

최종병기 총파업!
그러나

○ **1920**
3월 13일. 카프의 우익 쿠데타. 그러나 이에 맞선 노동계 총파업으로 사흘 만에 무너짐.

○ **1932**
7월 19일. 프로이센 지방정부가 파펜의 쿠데타에 실질적인 저항을 포기함.

1932년 7월, 중앙정부는 경찰력을 동원하여 프로이센 주의 지방정부를 뭉개버렸다.

...쿠,쿠 데타!

민주**공화국의 보루**가 맥없이 무너졌다.

드디어 **우익 천하!** 나의 집권도 한걸음 더 가까워졌다. 그러나...

...아직 마음을 놓긴 이르지.

민주주의를 지지하는 자들에게는 **최후의 무기**가 있으니까.

이때가 언제냐 하면,

1919년의 혁명으로 군부 정권이 물러난 직후, 그래서 독일 사회가 아직 어수선하던 시절.

우리로 치면 4·19혁명(1960년) 이듬해에 5·16쿠데타(1961년)가 터진 상황이랄까.

마침 1차 대전 전후 처리를 하던 중이라, 정규군은 아니지만 제대를 한 것도 아닌 애매한 처지의 병사가 꽤 되었다. 이들 상당수가 쿠데타에 동원된 것이다.

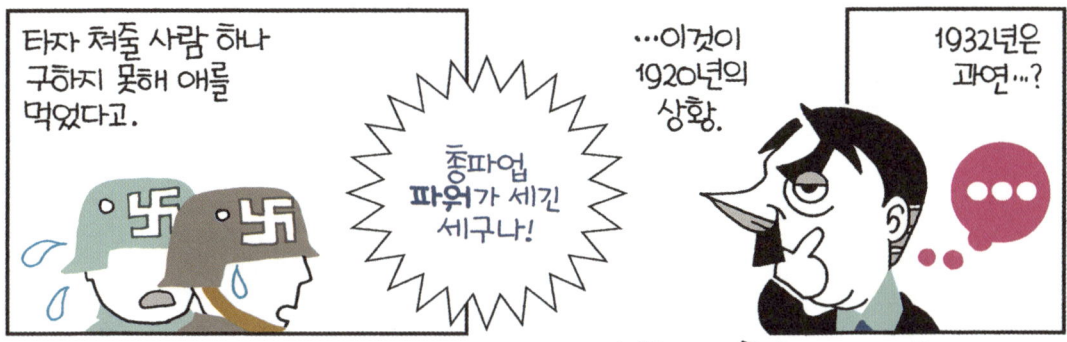

친절한 페이지

카프와 뤼트비츠의 쿠데타
Kapp-Lüttwitz-Putsch

쿠데타에 항거하는 시위대.
"25만 명이 참가하다"라고 적혀 있다.

　1920년 바이마르 공화국, 권위주의 정권을 그리워하던 이들이 쿠데타를 일으킨다. 볼프강 카프는 명목상의 지도자였고, 실제로는 발터 폰 뤼트비츠 장군이 꾸민 일이었다. 수천 명의 병력이 동원되었지만 정규군은 아니었다. 1차 대전의 패배와 혁명 때문에, 나라 전체를 쥐락펴락하던 군부는 하루아침에 정치적 영향력을 잃었다. 주변 국가들의 강요(베르사유 조약)로 군대의 규모도 줄여야 했다. 자유군단(Freikorps)이라 불리던 독일 의용군도 물론 해산의 대상이었다. 분노한 준군사조직 수천 명 병사들을 이끌고 뤼트비츠는 수도를 점령한다. 정규군 역시 이들을 진압할 생각이 없었다. 팔은 안으로 굽는다고, 속으로는 응원하지 않았을까. 갓 태어난 공화국 정부가 곧바로 대응하지 못한 것과는 달리, 시민들은 시위에 참여하여 쿠데타 정권에 대한 반대 의사를 분명히 했다. 노동자 세력은 철저한 총파업을 펼쳤다. 국가 기능이 완전히 마비됐고, 뤼트비츠와 카프는 3일 만에 달아나는 처지가 됐다.
　여기까지는 수구세력의 결정적인 패배였다. 그러나 시간이 흐르며 얄궂게도 상황이 뒤바뀐다. 정부는 파업 투쟁에 빚을 져놓고도 노동자를 위한 강력한 정책을 펴지 못하면서 인심을 잃었고, 반면 각지의 의용군 잔당들은 남부로 모여들어 민주공화국을 흔드는 극우단체에 가입한다. 이들 가운데 가장 눈길을 끄는 것이 히틀러 패거리의 돌격대였다.

3.5

1932년 7월 총선

○ **1932**
6월 4일, 의회 해산.
7월 31일, 총선으로 히틀러 당이 제1당이 됨.
8월, 히틀러가 대통령 측근들에게 전권을 요구.

바이마르 공화국의 연정
Koalitionen in der Weimarer Republik

히틀러가 이끄는 나치당. 1930년 선거 이후 급성장했지만 단독 과반은 사실상 불가능해 보였다. 1930~32년 사이 여러 번 선거를 치르면서 나치당과 중도 우파 정당이 연정을 꾸리는 방안이 번번이 검토되었다. 특히 당내 2인자 그레고어 슈트라서는 연정을 지지하는 쪽이었다. 그러나 성사되지 않았다. 히틀러는 연정과 같은 의회 민주주의 방식을 좋아하지 않았고, 무엇보다도 권력을 독차지하고 싶었으니까.

공화정이 수립된 1919년 이래로, 바이마르 공화국은 연정에 의해 유지되었다. 수많은 정당이 활동했고 이념적 스펙트럼도 좌우로 다양했기 때문이다. 중도 우파 정당이 다른 우파 정당과 손잡고 연정을 세우는 일이 잦았다. 중도 좌파 정당과 중도 우파 정당이 손을 잡고 대연정(Große Koalition)을 수립하기도 했다. 1923년의 슈트레제만 내각과 1928~30년 뮐러 내각이 좌우연정으로 그럭저럭 나라 살림을 꾸려간 경우. 물론 좌파 척결을 내세우는 히틀러와 극우세력으로서는 좌파와 제휴하는 대연정 자체가 증오의 대상이었지만.

4장
주저앉을 뻔한 히틀러

4.1

좌절 그리고 전면전

○ **1932**
8월 13일. 히틀러와 힌덴부르크 대통령의 면담.
대통령은 히틀러의 전권 요구를 단호히 거절.

9월 12일. 총리 불신임안 해프닝. 다시 한 번 의회 해산.

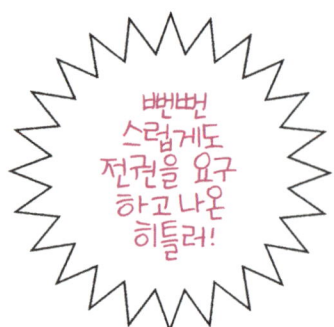  

1932년 8월 13일 오후 4시 15분, 대통령과의 긴급 면담:

4장 주저앉을 뻔한 히틀러

법리로는 괴링이 졌다. 파펜이 문건을 들고 선언할 때 의회는 이미 해산됐다.

총선 다시 치르며 고생들 좀 해보라지!

정치적으론 파펜의 참패! 표결 결과가 공개되며 정부는 치명타를 입었다.

압도적으로 미움받는 정부 라고 만천하에 폭로했다!

이게 다 내 **덕**인줄 알라고!

친절한 페이지

만(卍)자문 상징
Swastikasymbol

나치 상징 하켄크로이츠를 유심히 보면……

　부끄러운 고백 하나. 이 만화를 그리면서 어려웠던 점 한 가지는, 그림에 등장하는 갈고리십자가의 방향을 정확히 그리는 일이었다. 무척 헷갈렸다. 왼쪽인가 오른쪽인가? 하나는 나치의 상징 하켄크로이츠고, 하나는 사찰에 자주 볼 수 있는 불교의 만(卍)자문이다. 모양은 닮았지만 문화적 맥락으로 보면 완전히 상반된 의미다. 신문 지면에 연재하는 만화이니만큼 내가 깜빡 방향을 바꿔 그리면 단순한 실수로 끝날 일이 아니었다. 긴장하지 않을 수 없었다.
　불교의 만자문과 나치의 하켄크로이츠(역만자문이라고도 한다). 두 상징 앞에서 정신이 멍해지는 기분은 나만의 경험이 아니리라. 그래서 여기 둘을 구별하는 비법(?)을 공개한다. 한동안 고생한 끝에 나도 겨우 찾아냈다. 그림을 보시라. 하켄크로이츠 마크를 가만히 들여다보면 숨어 있던 나치의 '나'자가 보일 것이다. 바보 같은 방법이지만 헷갈리지는 않는다.
　열심히 구별하긴 했지만, 사실 둘의 뿌리는 같다. 수천 년 전부터 인도와 유럽에서 널리 쓰이던 스바스티카 문양에서 기원했다. 바이마르 공화국 초기에 독일 극우파가 행운을 부르는 부적이라며 이 무늬를 썼는데(1권 256쪽 참조), 만자문과 역만자문을 구별 않고 그렸다. 당시 극우파 선전물에 만자문이 그려진 것도 가끔 볼 수 있다. 물론 나치 시대 이후로는 둘은 완전히 다른 의미로 쓰이게 되었다. 다만 유럽에 세워진 힌두교 사원에서는 스바스티카 무늬 때문에 가끔 난처한 일을 겪는다고.

4.2 불관용, 민주주의의 적

○ 1932
8월 말, 정치 테러 금지령 발표 직후 돌격대원들이 좌파 청년을 습격하여 살해함 (이른바 '포템파 사건').

이언 커쇼의 지적:

「3년 동안 대공황으로 고생을 하면서 독일 사회는 너그러움을 많이 잃었다. 1930년대 초반에 다시 도입된 사형제는 독일 사회가 서서히 우경화하면서 공화국의 기반이던 인도주의 원칙이 무너지고 있다는 조짐이었다.」

1932년 당시의 유권자들은 무슨 생각을 했을까?

관용없는 시대가 걱정스럽기는 했을 텐데, 어쩌면

설마 나한테 별일 있겠어? 나는 괜찮겠지.

…혹시나 하는 마음으로 방심하지는 않았을까?

옛날 독일 ~ 얘깁니다, 독일 얘기.

> 친절한
> 페이지

나치 시대의 우생학
Eugenik in der NS-Zeit

1938년 무렵, '인종정책국'의 기관지 홍보 포스터

인간은 평등하지 않고, 자신들의 기준에 맞지 않는 인간은 죽어도 된다는 생각. 이 끔찍한 생각이 히틀러가 집권하기 전부터 독일 극우세력 사이에 퍼져 있었다. 정신질환이나 유전병을 앓고 있는 사람을 국가가 나서서 거세하자는 '국가불임법'에는 독일 민족을 건강하게 만들자는 비뚤어진 인종주의와 무시무시한 '우생학'적 사고가 바탕에 깔려 있었다.

나치당이 집권한 이후에는 오죽했겠는가. 정신질환이나 유전병을 앓던 사람을 안락사시키는 일에 국가가 나섰다. 이른바 T4작전(Aktion T4). 사회적 비용을 줄이겠다는 어이없는 명분이었다. 당시 포스터 내용을 읽어보자: "6만 마르크나 든다, 일생 동안 이 유전병 환자한테 민족공동체가 써야 하는 돈이. 국민 동지여, 이 돈은 그대의 돈이기도 하다!" 이런 구실로 1939년부터 1941년 사이에 공식적으로 살해된 사람은 7만여 명, 1945년까지 20만 명이 넘게 죽었다. 인간의 생명을 우습게 보는 이런 시각은 악명 높은 '인종 청소'로 연결되었다.

신체적 장애가 있는 사람도 국가가 나서서 죽일 것인가 하는 문제에 대해서는 의외로 신중론이 우세했는데, 히틀러의 심복인 요제프 괴벨스가 다리를 절었기 때문이라고. 우스꽝스럽다고 해야 하나, 불행 중 다행이라고 해야 하나? 참으로 끔찍한 시대였다.

4³

드디어 흔들리는 히틀러

○ **1932**
11월 6일. 다시 총선. 나치는 제1당을 지켰으나 많은 유권자를 잃음.

…그런데 1932년 11월,

총선, 또!

히틀러의 **성공 신화**가 무너지게 생겼다.

지난 4년 동안, 선거마다 보여준 히틀러 당의 놀라운 성장도

이번에는 어려워 보였다.

우리 민족 이라면 기호 1번을 찍는다

민족 사회주의자들

11월 총선 당시 나치 포스터

응? 우린 아닌데?

4장 ✦ 주저앉을 뻔한 히틀러

4장 주저앉을 뻔한 히틀러

「이제는 히틀러가 연설을 해도 유세장이 꽉 차지 않았다. …전문가들은 히틀러가 아무리 유세를 다녀도 나치 지지도의 급락을 막지 못하리라 예상했다. 괴벨스도 선거 전날 (나치의) 패배를 점쳤다.」

이언 커쇼

막을 수 있던 성장
Der aufhaltsame Aufstieg

『히틀러의 성공시대』 2권 표지의 모델이 된 1920년대 그로츠의 풍자화

히틀러의 스타일은 정치인이라기보다 조폭 내지 야만인에 가깝다. 『히틀러의 성공시대』 1권 표지를 조폭으로, 2권 표지를 야만인으로 그린 것은 이러한 시각을 반영한 것이다. 사실 여기엔 연원이 있다. 히틀러를 피해 망명한 극작가 브레히트. 그는 망명 중에 쓴 희곡을 통해 정치 깡패 히틀러와 유명한 갱단 두목 알 카포네의 공통점을 찾아냈다. 이 희곡의 제목이 바로 「아르투로 우이의 저지 가능한 상승(Der aufhaltsame Aufstieg des Arturo Ui)」(1권 304쪽 참조). 히틀러의 성장은 막을 수 있었다는 시각이 담겨 있다.

히틀러는 성공 신화로 자기를 포장했지만 잘 들여다보면 성공만 거듭한 것은 아니다. 무리하다가 위기를 자초하고 다시 새로운 위기를 자초하며 겨우 살아남은 것이다. 그런데도 왜 사람들은 히틀러의 성장을 막지 못했을까? 바이마르 공화국의 능수능란한 정치인들과 이웃 나라에서 부러워하던 독일 시민 사회가 어쩌다가 일개 조폭이나 야만인의 방법을 구사하던 정치 신인한테 당하고 말았을까? 브레히트의 희곡이나 그로츠의 그림에는 이 속상함이 묻어 있다.

그런데 다르게 생각해보자. 조폭이나 야만인의 방법을 정치판에 끌어들였기 때문에 막지 못한 것일지도 모른다. 승부사 히틀러가 일부러 저열한 수단을 가져다 쓰자 정치권과 시민 사회가 꼼짝도 못하고 당했을 가능성이 있다(괴벨스는 일기에서 민주주의를 지지하는 시민들의 점잖음을 비웃곤 했다). 어려운 과정을 거쳐 민주주의가 정착된 듯 보이는 오늘날, 더욱 무서운 이야기다.

4

위기일발 히틀러

○ **1932**
11월 17일, 파펜이 총리직 사임.

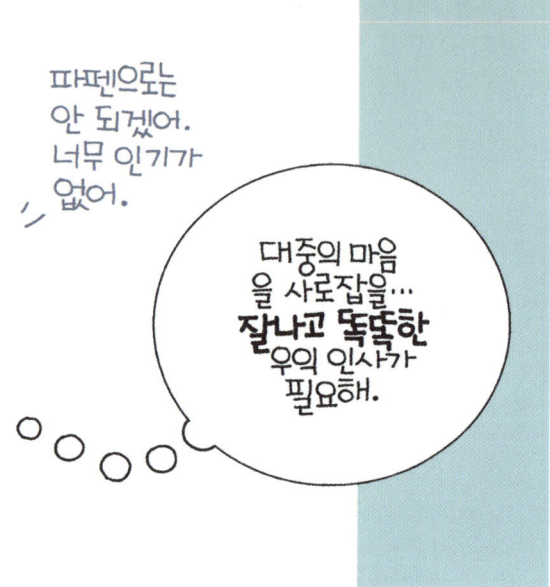

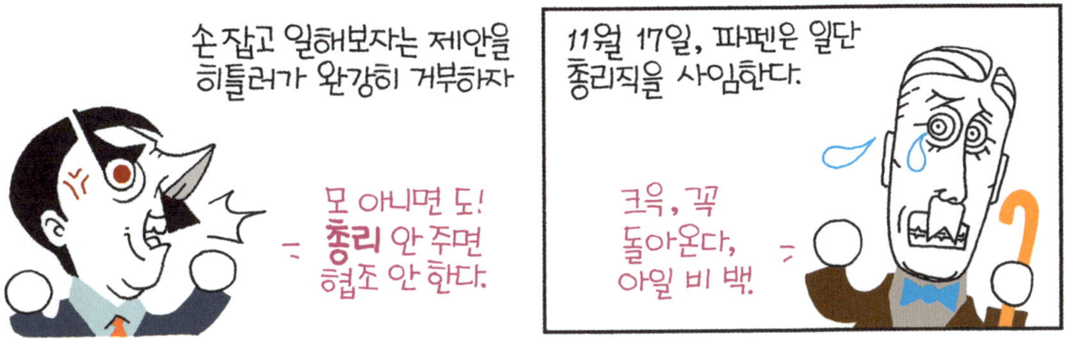

11월 23일, 히틀러와 만난 슐라이허는

~ 슐라이허, 허, 허.

깜짝 제안을 들이민다.

파펜이 아니라 나 슐라이허가 총리가 된다면 지지할래요?

싫은데요.

물론 거절.

왜 이러긴, **함정**이었지.

슐라이허, 대체 왜 이러셔?

여러분, 모두 보셨죠? 히틀러가 얼마나 완강하게 거절하는지!

~히틀러가 미쳤나 봐.

괘씸 ··· 동요

「슐라이허는 히틀러가 어떻게 나오리라는 걸 뻔히 알면서도 히틀러는 이제 머리에서 완전히 지워버려야 한다는 것을 힌덴부르크는 물론이고 어쩌면 그레고어 슈트라서까지도 납득시키기 위해서 일부러 연극을 꾸민 것이었다」

이언 커쇼

총리 슐라이허
Schleicher als Reichskanzler

동지에서 적으로, 1932년의 파펜과 슐라이허

　1932년 말, 슐라이허 내각이 출범했다. 처음에는 자신만만했다. 군부 출신의 슐라이허는 어떤 포부를 펼치고 싶었을까? 독일군의 재무장? 군부 정권 때처럼 권위주의로의 회귀? 추측은 가능하지만 정확히 알 수는 없다. 슐라이허가 속내를 드러내지 않았기 때문이다. 음모를 즐기는 남자답게 그는 좀처럼 자기 생각을 꺼내 보이지 않았다. 당시 독일에 망명해 있던 러시아 혁명가 레온 트로츠키(1879~1940)가 슐라이허를 두고 "군복을 입은 물음표"라고 말했다는데, 적절한 표현인 것 같다.

　총리가 된 슐라이허는 자기가 마음대로 정국을 주무를 수 있다고 믿었던 듯. 그러나 현실의 벽은 높았다. 독일 사회가 생각처럼 움직이지 않자 슐라이허는 당황하여 갈팡질팡했다. 대통령 및 극우세력과 불편해진 다음에는 노동자와 사회주의 세력에까지 손을 내밀었다. 그러나 아무도 그를 믿지 않았다. 막판에는 자포자기했던 걸까, 제대로 저항조차 못해보고 히틀러에게 권력을 넘겨줬다. 세상은 몇몇 음모가의 생각대로 움직이지 않는다는 새삼스러운 교훈의 대가치고는 너무 비싼 수업료가 아닐까.

45

다섯 정객의 동상이몽

○ **1932**
12월 4일, 슐라이허 장군이 새로운 대통령 내각의 총리에 취임.

12월 5일, 나치당 2인자 슈트라서가 슐라이허 내각을 용인하자고 제안했다가 히틀러와 충돌.

이것은 **정사**를 함께하고 **음모**를 공유하던(!) 세 남자의 비밀♥스러운 이야기.

실세 슐라이허

대통령 힌덴부르크

총리 파펜

내가 왜 이러지?

4장 주저앉을 뻔한 히틀러

몇 달 전, 파펜을 총리로 천거한 사람이 슐라이허였다.

그때 오간 대화:
「파펜 그 양반, 정치할 머리가 없을 텐데.」
ㅋㅋ
「머리 따윈 필요 없어. 파펜은 모자니까.」

모자란 파펜을 모자로 놔두고,
자기가 머리 노릇을 해먹겠단 속셈.
슐라이허,허,허

「…슈트라서는 슐라이허 내각을 받아들이자고 청원했지만 소용없었다. …이제 슈트라서에게 남은 길은 히틀러를 따르든가, 당에 남아서 히틀러에게 반기를 들든가, 아니면 손을 떼고 정치 일선에서 물러나는 것이었다.」

이언 커쇼

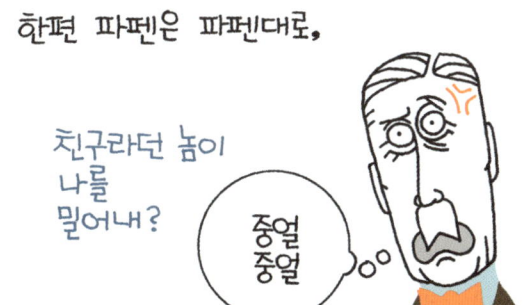

> 친절한 페이지

옛 총리 공관
Reichskanzlei

 239쪽, 총리가 된 슐라이허의 배경 그림

빌헬름 가에서 본 옛 총리 공관(구관)의 본관 건물

    독일을 통일한 직후 비스마르크 총리는 1875년부터 로코코 시대의 건물을 새로 단장하여 총리 공관으로 삼았다. 이것이 구관 건물이다. 바이마르 공화국 시대까지 조금씩 증축하며 불편 없이 사용했다.

    1933년 히틀러가 총리가 되자 건물도 크게 바뀌었다. 독일의 모든 권력을 틀어쥔 히틀러는 세상 사람들이 깜짝 놀랄 으리으리한 신관이 짓고 싶었다. 젊어서 화가와 건축가가 되려다가 좌절한 히틀러, 불우한 때마다 거대한 토건 공사를 꿈꾸며 콤플렉스를 달래지 않았던가? 1938년부터 천문학적 액수의 나랏돈을 쏟아부어 과대망상적인 신관 건물을 지었다. 신관 중앙의 대리석 복도가 프랑스 베르사유 궁전에 있는 거울의 방보다 두 배나 길다고 좋아했다나.

    그러나 완성한 지 몇 년 되지도 않아 히틀러는 총리 공관 구석의 지하 벙커에 숨어 지냈고 결국 전쟁 통에 구관도 신관도 허물어지고 말았다.

46

히틀러 최대의 위기

○ **1932**
12월, 히틀러와 슈트라서의 갈등으로 당이 분당되기 직전에 이름.

○ **1933**
1월 4일, 파펜과 히틀러의 밀회.

1932년 12월, 히틀러에게 뒤통 당한 나치당 **2인자** 그레고어 슈트라서는

히틀러다운 꼼수였다.

「…이 멜로드라마와 같은 행동이 나치 간부들 사이에 슈트라서가 불러일으켰을지도 모를 동요를 잠재워, 그들 모두는 이구동성으로 히틀러에 대한 충성을 다시 한 번 맹세했다.」

헨리 애슈비 터너 2세

급한 불은 일단 껐는데…

…슈트라서, 복수할 거야!

갈수록 상황은 나치당에 불리하게 돌아간다.

이때 확 망했어야 하는데요.

…됐어! 드디어 **높으신 것들**한테 다가갈 결정적 찬스가 생겼어.

이 기회, 결코 놓치지 않겠다!

척!

1933년 1월 4일, 쾰른, 슈뢰더 저택 앞.

조심 조심

복수는 남몰래.

예상 못한 일이 터졌다.

친절한 페이지

슈트라서 위기
Strasser-Krise

1인자와 2인자. 1927년 당대회의 슈트라서(좌)와 히틀러(중앙)

슐라이허 총리의 복수였다. 나치당의 실력자 그레고어 슈트라서를 자기편으로 끌어들이려고 접촉한 것이다. 벌집을 들쑤신 것처럼 히틀러 패거리한테 소동이 일었다. 1932년~33년 연말연시의 사태를 슈트라서 위기라고 부른다.

왜 그레고어 슈트라서였을까? 그는 당을 키운 2인자면서 히틀러와 거리를 두고 있었다. 조직력은 히틀러보다 한 수 위라는 평가. 당 바깥에도 슈트라서는 고집불통 히틀러보다 온건한 이미지로 알려졌다. 노동자 정책에 관심이 많아 나치 좌파라 불리기는 했으나, 다른 극우 단체들과의 대화 창구 노릇을 하며 말이 통하는 사람으로 인식되었다.

독불장군 스타일의 히틀러로서는 슈트라서가 편치 않았다. 한때 슈트라서의 심복이던 괴벨스도 이 불화에 한몫했다. 슈트라서를 배신하고 히틀러에 붙은 괴벨스는 더 이상 슈트라서가 보기 싫었던 것이다. 기회만 닿으면 히틀러를 부추겨 슈트라서를 숙청하고자 했다. 겉으로 잘 드러나지는 않았지만 시간이 갈수록 슈트라서와 히틀러는 갈등이 깊어졌다.

4/7 벼랑 끝에서 살아 돌아오다

O **1933**
1월. 파펜과 히틀러 사이에서 권력을 둘러싼 거래가 이루어짐.

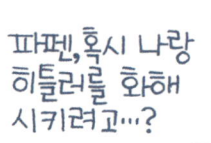

4장 주저앉을 뻔한 히틀러

상황을 제대로 알았으면, 좌파는 히틀러를 막을 수 있었을까? 글쎄, 쉽진 않았을 거다. 좌파의 내부 **분열**이 너무 심했다.

이래서야 힘을 모을 수 있을까?

아마 안될 거야, 우린.

정파끼리 입장 차이도 컸고

너희가 상황을 망쳤어! ~ 이게 다 너희 탓!

서로 주고받은 상처는 더 컸다.

「(히틀러에 대한) 좌파의 과소평가는 적어도 히틀러의 집권을 직접적으로 유발하지는 않았다. …(좌파는) 방관자일 뿐이었고 1930년 이후로 대세를 좌우할 수 있는 그들의 영향력은 크게 줄어들었다.」

이언 커쇼

바이마르 시대의 자본가들
Kapitalisten in der Weimarer Zeit

 251쪽, 파펜과 히틀러의 밀회 장소

쾰른의 슈뢰더 저택

바이마르 공화국 말기, 히틀러는 기업가들을 찾아다니며 "내가 집권하면 노동조합을 영영 없애주겠다"고 약속했다. "모든 사람이 평등하다는 민주주의는 사유재산을 옹호하는 자본주의와 함께 갈 수 없다"고도 했다. 부자의 권리를 위해 가난한 사람을 때려잡겠다는 취지로 연설했다.

섬뜩한 발상이다. 이 말을 액면 그대로 받아들인다면 히틀러는 대기업의 이익을 보호하기 위해 폭력을 마다하지 않겠다는 용역 깡패였던 셈. 당시 급진 좌파와 훗날의 동독 연구자들의 관점이 이랬다. 자본가들이 밥그릇을 지키기 위해 깡패 히틀러를 고용했다는 것이다. 그러나 히틀러의 말을 굳이 믿어야 할까? 일관성 없는 히틀러, 평소에도 거짓말을 밥 먹듯 하던 자였다.

당시 자본가들도 히틀러가 미덥지 않았다. 특히 나치의 반유대주의 때문에 투자가 위축될까 우려했다. 그들이 선호한 것은 정통 보수에 가까운 파펜 정부. 은행가 쿠르트 폰 슈뢰더처럼 대놓고 히틀러를 지지한 기업가는 오히려 예외였다고 한다. 물론 히틀러가 집권한 다음에는 대부분의 기업가들이 나치에 줄을 대지 못해 안달이었다. 굴지의 대기업들이 나치와 결탁하여 온갖 지저분한 일들에 관여했다. 정치권과는 달리, 경제계의 과거 청산은 오늘날까지도 다 풀지 못한 숙제다.

5장 히틀러, 죽음의 승리

5.1 사상 최악의 총리 인선

○ **1933**
1월 22일, 파펜의 주선으로 히틀러와 대통령 아들 오스카르 폰 힌덴부르크가 만남.

1월 30일, 힌덴부르크 대통령이 히틀러를 총리로 임명.

5장 히틀러, 죽음의 승리

의회 입법 대신 대통령 긴급명령권에 기대 **긴급조치**로 국정을 끌고 가는 방법. (어머, **유신**스러워라.)

…그런 방법이 있긴 있었으니,

내가 고안한 술책이다, 슐라이허,허,허!

참 잘난 '슐' 총리

대통령 내각
Präsidialkabinett

히틀러가 총리라니! 사상 최악의 인선이었다.

히틀러가 호텔 방에서 선서 때 입을 옷을 고르는 동안에

데헷♥

어떤 옷이 어울릴까

※ 이때 실크햇을 쓰고 찍어본 사진이 남아 있다.

우파 정치인들은 밀실에서 장관 자리를 나눠 먹었고

유권자 대부분은 아무 정보도 듣지 못한 상태였으니.

5장 ✦ 히틀러, 죽음의 승리

> 친절한
> 페이지

브란덴부르크 문
Brandenburger Tor

276~277쪽, 돌격대의 행렬

브란덴부르크 문, 독일 현대사의 상징

　베를린에서 가장 눈에 띄는 건물인 브란덴부르크 문은 굴곡진 독일 근현대사가 서린 건물이다. 18세기 말 처음 세워질 때는 평화의 상징이었다고 한다. 문 위에는 조각이 서 있다. 승리의 여신 빅토리아가 말 네 마리가 끄는 전차에 탄 모습. 문 위의 여신상도 원래는 평화의 여신 에이레네였다는 이야기가 있다.
　1806년, 프랑스 군대가 쳐들어왔다. 나폴레옹은 브란덴부르크 문을 개선문으로 삼아 보란 듯 베를린 시내를 행진했다. 문 위에 서 있던 승리의 여신상은 뚝 떼어 파리로 가져갔다. 1814년 나폴레옹이 패망한 다음 여신상은 다시 베를린으로 돌아왔는데, 이때부터 여신상 위에 프로이센의 상징 '철십자(Eisernes Kreuz)'를 달아놓았다고. 철십자 마크는 대전 기간 동안 독일 군대의 상징이기도 했다. 1933년 1월 히틀러가 총리로 지명된 날 저녁에 괴벨스는 브란덴부르크 문을 지나는 대규모 돌격대 집회를 기획했다. 히틀러가 패망할 무렵에는 2차 대전 때문에 크게 파손되었다.
　이후 이 건물은 베를린 장벽과 연결되어 독일 분단과 냉전을 상징하게 되었다. 1989년 동독이 붕괴하고 베를린 장벽이 무너지자, 그해 연말 세계가 지켜보는 가운데 베를린 관현악단이 이곳 브란덴부르크 문에서 베토벤의 9번 교향곡을 연주했다. 독일뿐 아니라 서구 세계의 근현대사가 이 장소 한 곳에 응축되어 있다고 해도 지나친 말이 아니다.

5² 강제로 하나 된 국민

○ **1933**
2월 27일. 국회의사당 화재 사건. 나치는 이 사건을 조직적인 계획범죄로 규정하고 공산당 탄압의 빌미로 삼음.

3월 5일. 바이마르 공화국의 마지막 총선. 나치당의 공공연한 관권선거.

3월 21일. 히틀러의 총리 취임식이 화려하게 거행됨.

히틀러가 총리가 되던 날 저녁, 집권을 자축하는 돌격대의 행렬이

브란덴부르크 문으로부터 꾸역꾸역 쏟아졌다. 행렬은 계속되어,

여당 프리미엄이라는 말이 선거 시즌마다 심심찮게 들린다.

어느 쪽이 여당이건 마찬가지 얘기가 나오긴 하겠지.

당사자들이 **염치** 있게 처신하기를 기대해볼 따름.

물론 히틀러에게 **염치** 따위는 없었다.

뻔뻔

... 노골적으로 **관권선거**를 했다.

여기에 **핫 이슈**까지 겹쳤다. 국회의사당에 화재가. (2월 27일)

핫 뜨거운 핫 이슈!

「…법에 얽매여선 안 된다!」

돌격대가 저희 입맛대로 **수만 명**을 잡아갔다.

공안몰이

이래 놓고 **선거**(3월 5일). 나치당은 드디어 40%를 넘겼는데 **(43.9%)**

좌파진영의 저력 역시 여전했다.

30.6%
사회민주당 18.3%
공산당 12.3%

아직도 국민의 1/3이?

포츠담의 날
Tag von Potsdam

 284쪽, 히틀러의 총리 취임식이 열린 장소

뜨거운 감자, 포츠담의 가르니손 교회

1933년 3월 21일, 히틀러는 제 취임식을 으리으리한 행사로 꾸미고 싶었다. 괴벨스가 나서서 성대한 이벤트를 기획했다. 이름하여 포츠담의 날. 가르니손 교회에서 행사가 열렸다. 왜 하필 이곳이었을까? 히틀러 패거리의 선전 정책과 관련이 있다.

나치는 프리드리히 대왕이나 비스마르크 등 프로이센의 민족주의 영웅과 히틀러를 동일시하려고 무진장 애를 썼다. 프리드리히 대왕과 많은 인연이 있는 포츠담 지역을 고른 것은 이 때문이었다.

당시 프리드리히 대왕의 무덤이 있던 장소도 이곳 가르니손 교회였다. 그러나 히틀러가 일으킨 2차 대전 때문에 가르니손 교회도 무덤도 무사하지 못했다. 안전을 위해 프리드리히 대왕의 시신을 옮기고 나서(현재 포츠담의 상수시 궁전에 묻혀 있다), 이 건물 역시 공습으로 주저앉았다.

오늘날 독일에서는 이 역사적 건물을 다시 짓는 문제로 논란이 뜨겁다고 한다. 현재 재건이 진행 중이지만, 반대 의견도 없지 않다. 프로이센의 군국주의와 나치의 망령이 되살아나는 것 아니냐고 우려하는 사람들도 있다. 가르니손 교회를 가리켜 '독일의 야스쿠니 신사'라는 말까지 나온다고 한다. 과거사 청산으로 고민이 많은 우리 사회로서도 남의 일 같지만은 않다.

5-3

일체화냐 죽음이냐

- **1932**
  3월 22일. 다하우에 좌파를 잡아 가두는 강제수용소 오픈.
  3월 23일. '수권법' 통과로 행정부가 의회의 입법권을 가로챔.
  5월 2일. 노조 파괴.
  5월 10일. 책 2만 권을 불사른 '분서 사건' 발생.
  8월. 독일 사회 전반에 걸친 '일체화' 작업 완료.

히틀러 시대의 개막과 함께
(총리 취임식 3월 21일)

1933

다하우 수용소가 문을 열었다.
(수용소 오픈 3월 22일)

「수용소의 존재는 결코 비밀이 아니었다. 힘러는 수용소가 문을 열기 이틀 전에 기자회견까지 해서 그 사실을 알렸다. …신문에도 보도되었다.」

하인리히 힘러
Heinrich Himmler

이 상황을 지켜보던 보통 사람들은 어떤 **마음**이었을까?

5장 히틀러, 죽음의 승리

당시 보통 사람은 히틀러가 얼마나 이상한 놈인지 몰랐던 걸까?

…아닐 것이다. 왜냐하면

내가 이상한가요?

5장 히틀러, 죽음의 승리

「민족혼」으로 「국민을 결집」 시키자고 괴벨스가 연설한 다음에는

정권의 입맛에 안 맞는 독일 고전들을 불태웠다. (5월 10일, 분서)
Bücherverbrennung

독일 사람의 단결을 쉬지 않고 외치면서

오만 가지 방법으로 유대인을 괴롭혔다.

당근과 채찍 사이에서
양자택일하라고
강요하고는

일체화라고 불렀다.
Gleichschaltung

하나가 되자!

교회도 **일체화**시키려고 했다.
종교도 통제의 대상이었다.

심지어 취미생활도 일상생활도
일체화 대상.

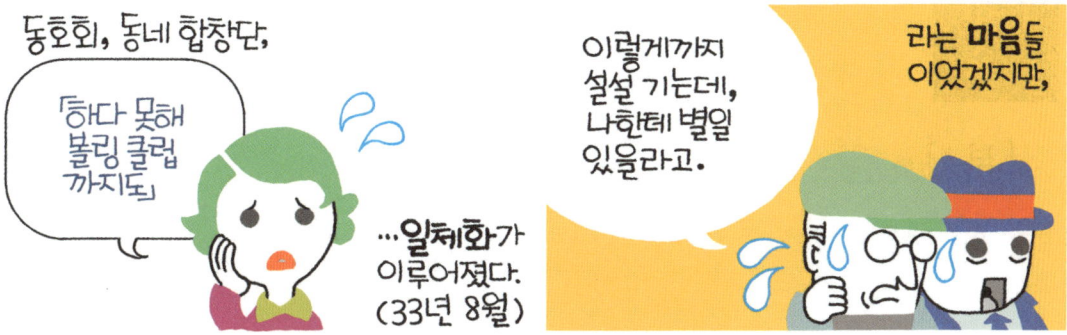

> 친절한 페이지

「분서(焚書)」 *Die Bücherverbrennung

베를린 분서 사건의 장소 베벨 광장 앞에 서 있는 헤드비히 교회

당시의 정부가 유독(有毒)지식이 든 책을
만인이 보고 있는 앞에서 태워버리라고 명령하고
도처에서 황소들이 책을 쌓아올린 짐차를
활활 타오르는 장작더미 위로 끌고 갈 때
뛰어난 시인 중의 한 사람이고
추방당한 어떤 시인은 소각된 책의 목록을 보다가
자기의 작품이 잊혀지고 있는 데에 경악하여
분노로 책상으로 뛰어가 당시의 권력자에게 편지를 썼다
나를 태워라!라고 그는 갈겨 썼다. 나를 태워라!
나에게 이런 치욕을 가하지 말라! 나를 특별 취급하지 말라
내 작품 속에서 내가 진실을 쓰지 않는 것이 있었느냐
지금 이 나를 거짓말쟁이로 취급할 것이냐
네놈들에게 명령하노니
나를 태워라!

＊독일에서 일어난 분서 소식을 접한 브레히트가 역사 속 분서 사건에 빗대어 쓴 시(출처: 김남주 번역시집 『아침 저녁으로 읽기 위하여』).

5⁴

대숙청, '긴 칼의 밤'

○ **1934**
6월 30일, '긴 칼의 밤'. 히틀러의 옛 동료였지만 훗날 틀어진 인사들에 대한 조직적인 암살 사건.

8월, 히틀러가 총리와 대통령직을 겸직.

풍찬노숙, 옛날부터 함께 고생하던 측근들은 꿈★이 너무 크고
風餐露宿

아돌프, 싹 다 갈아 엎자, 응?

우리 돌격대한테 맡기셔.

5장 히틀러, 죽음의 승리

슐라이허 전 총리, 자기 신혼집에서 총 맞아 죽었다.

부인도 살해당했다.

조폭이나 할 일이었다.
총리가 할 짓은 아니었다.

〈이제는 두팔 들어 하일 히틀러!〉

영국, 데이비드 로우의 만평 (1934)

정치력 부재를 드러낸 히틀러!
외국의 비웃음을 샀다.

... 근데 당시 독일에서도 감히 웃을 수 있었을까?

1934년 8월, 힌덴부르크 대통령이 노환으로 그만.

면목 없군.

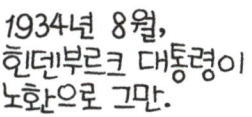

얼마 후 유서가 〈발견〉됐는데.

어흐흐흐

5장 히틀러, 죽음의 승리

나치 시대의 동성애 혐오
Homophobie in der NS-Zeit

리하르트 그루네는 게이라는 이유로 수용소에 갇혀 있었다. 그의 소묘 작품, 〈연대〉(1948)

나치 정권 역시 다른 대부분의 극우세력들처럼 동성애를 적대시했다. 게이와 레즈비언을 탄압했다. 정권을 잡기 전에는 그렇게 적대적이지 않았다고. 나치당 지도부는 동성애라는 이슈에 대해 쉬쉬하는 입장이었다. 돌격대를 이끄는 에른스트 룀과 간부들이 게이였던 것이다. 간혹 누가 동성애 이야기를 꺼내면 히틀러는 사생활 문제는 건드리지 않겠다며 넘어갔다.

그러다가 1934년 '긴 칼의 밤' 때 룀과 돌격대 지도부를 숙청하면서 당 지도부의 입장이 싹 바뀌었다. 나치 패거리가 일관성 없고 극단적으로 입장을 바꾸는 것이 어디 하루 이틀 일이던가. 그래도 이번에는 특히 심했다. 심지어 룀이 동성애 때문에 죽어 마땅했다는 이야기까지 나왔다.

게이는 건강한 아리아인의 남성성을 해치는 인간들로 간주되었다. 동성애 혐의로 국가에 체포된 남성이 10만 명이 넘었다. 수백 명이 거세를 당했다고 한다. 5천 명에서 1만 5천 명 가량의 게이가 수용소에서 곤욕을 치렀고, 이들 중 적지 않은 이들이 가혹 행위로 목숨을 잃었다. 이른바 '게이 홀로코스트'. 야만적인 국가 폭력이었다. 그러나 게이들도 나치 홀로코스트의 피해자였다는 사실은 한동안 은폐되었다. 1945년 나치가 패망한 이후에도 사회 일각에는 동성애 혐오가 남아 있었으니까. 유럽 의회가 게이 홀로코스트의 실체를 인정한 것은 비교적 최근의 일이다.

5

히틀러가 돌아온다면

- **1935**
  9월. 인종차별법인 '뉘른베르크 법'이 선포되어 11월부터 발효.

- **1938**
  11월 10일. 사복을 입은 돌격대원들이 유대인에 대해 대대적인 테러를 벌임.

- **1939**
  9월 1일. 폴란드 침공. 2차 대전의 시작.

만일 누가 **이주노동자**와 **다문화 가정**을 공격하기 시작하면 어떻게 될까?

5장 히틀러, 죽음의 승리

히틀러는 **왜** 언제부터 유대인을 그토록 증오했을까?

영영 풀지 못할 수수께끼다.

그런데 극우논객이 되어 안보장사를 시작하며

음모론의 온갖 메뉴에 두루 손을 댔는데

집권하자마자
수용소를 세우고

좌파를 죽였다.
장애인을 죽였다.
동성애자를 죽였다.
프리메이슨을 죽였다.
여호와의 증인을 죽였다.
유대민족 수백만을 죽였다.
로마민족(집시)을 죽였다.
세르비아 민족을 죽였다.
폴란드 민족을 죽였다.
슬라브족을 죽였다.
죽이고 죽이고
죽였다.

결국 히틀러가 히틀러를 죽이고
괴벨스가 괴벨스를 죽이고
힘러가 힘러를 죽이고

끝이 없던 살육극도 이제 끝…

…인가 했는데,

아닌가 보다.

증오! 증오!

좌파를 증오하고
동성애자를 증오하고
유색인종을 증오하고
이슬람교인을 증오하고
아랍인을 증오하고
이민자를 증오하는
우리 시대의 극우.

5장 ✦ 히틀러, 죽음의 승리

…우리 사회는 안전할까? 진짜로?

친절한 페이지

우리 사회는
인종차별에서 자유로운가

    2013년 5월, '세계 가치관 조사(World Values Survey)'라는 기구에서 81개 국가를 대상으로 인종차별 의식을 조사하여 발표했다. 물론 우리 사회도 조사 대상. 어떻게 조사했을까? "당신은 인종차별에 찬성합니까?"라고 직설적으로 물으면 그렇다고 대답할 사람이 거의 없을 테니 말이다. 설문 조사 방식이 눈길을 끈다. "이웃이 되길 원하지 않는 이들이 누구냐"고 물어 "다른 인종"이라고 답한 이들의 비율을 측정했다. 인종이 다른 이웃을 원하지 않는다고 답한 비율이 높을수록 인종에 대한 편견이 심하다는 것이다.

    질문이 좀 시시해 보이려나? 우리는 인종차별이 거창한 범죄라고만 믿는 경향이 있다. 히틀러처럼 강제수용소를 지어놓고 다른 인종들을 잡아 가둬야만 인종차별이라 생각하는 걸지도 모른다. 여러 민족끼리 어울려 살아본 경험이 짧아 그럴 것이다. '한국 사람 다 되었네'랄지 '참한 외국인 며느리' 같은 표현을 우리는 칭찬이라고 여기고 쓴다. 하지만 그 바탕에 깔려 있는 전제는 이민자나 이주 노동자가 자기네 삶의 방식을 포기하는 게 당연하다는 생각이다.

    조사 결과는 어떻게 나왔을까? '한국은 높은 교육·경제 수준을 고려할 때 특이하게 인종에 대한 편견이 심한 것으로 조사됐다. … 한국은 3분의 1 이상이 다른 인종의 이웃을 원하지 않은 것으로' 나타났다(《한겨레》 2013년 5월 18일자). 요즘 일부 청소년들은 '다문화'라는 말에 인종차별의 뜻을 담아 사용한다고 한다. 섬뜩한 일이다. 앞으로 한국 사회는 어떻게 될까? 원래 그다지 관용적인 사회도 아니었다. 히틀러 같은 자가 다시 나타나 이 약한 고리를 파고든다면 무슨 일이 일어날까?

히틀러에 대해 알고픈 것들 _ 돌아온 히틀러

**1.
현재 인터넷에서
활약하는 극우인사들은
히틀러처럼 될 것인가?**

언제부터인가 '일간X스트'라는 사이트가 입길에 오르기 시작했다. 각종 이슈에 대해 사회적 약자에게 막말을 퍼붓는 인터넷 논객이 물의를 빚곤 한다. 일본에서 사회적 문제가 됐던 '넷우익'과도 닮았다. 어떤 분들은 이들한테서 히틀러에게 충성을 바치던 돌격대의 모습을 읽어내기도 한다. 과연 이들은 나치당 같은 세력을 이룰 것인가?

글쎄, 아닐 것 같다. 돌격대의 공포를 재현하기에는 이들은 시쳇말로 '찌질'해 보인다. 온라인에서 자기들끼리 무시무시한 말을 주고받을 뿐이지, 오프라인에서 사회에 영향력을 행사할 의도도 깜냥도 없는 것 같다. 물론 역사의식의 부재와 사회에 대한 원망, 열등감과 증오심의 여과 없는 표현 등은 우리 눈에 거슬린다. 그렇다고 이들이 옛날 나치 돌격대처럼 자기 주머니를 털어 옷을 맞춰 입고 시내를 누비며 조직적으로 증오 범죄를 행할 것 같지는 않다. 마음에 들지 않는 세력의 위험을 과장하는 일도 좋은 대응은 아닐 것이다.

그러나 히틀러 같은 자가 일단 나타나면 이들의 부정적 에너지를 이용할지 모른다. 야심만만한 선동가가 이들을 조직화하여 실제 사회에 영향력을 행사한다면 기존 정치권에서도 이들과 접촉을 바랄 터. 사실 히틀러가 이렇게 성장하긴 했다. 얼마 전 일본에서도 '넷우익' 세력을 기성 정치판에 끌어들이려는 시도가 있었다. 이 '정치적 실험'은 다행히 실패했지만 가능성은 여전히 열려 있다. 극우 네티즌의 막말 하나하나에 일희일비할 필요는 없겠지만 기존 우익에서 이들을 끌어들이려는 시도는 눈에 불을 켜고 지켜봐야겠다.

2. 나치당의 희생자들에게 책임을 물을 수 있는가?

히틀러 패거리는 집권 전에 백색테러로 눈길을 끌었다. 권력을 장악한 후에는 국가 폭력으로 많은 희생자를 낳았다. 폭력의 피해자에게 책임을 묻는 것은 몰상식한 행위이다. 그런데 나치의 희생자한테 문제점을 찾는 경우는 간혹 본다. 유대인은 때때로 미움을 받았다느니, 좌파는 소련과 결탁한 위협 세력으로 간주되었다느니, 독일 시민들은 히틀러를 막지 못한 책임이 있다느니 따위. 히틀러 패거리의 증오가 워낙 집요하다 보니 당한 쪽도 뭔가 원한 살 일을 하지 않았겠느냐 추측하나 보다. 그러나 이렇게 생각하는 순간 자기도 모르게 나치당의 선동에 넘어가버리는 셈이다. 나치의 폭력은 '왕따'의 메커니즘과 비슷해 보인다. 가해자의 논리를 받아들인다면, 그 순간부터 그 사람도 왕따에 가담하는 가해자가 된다.

비슷한 맥락에서, '나치에 의한 희생자 수가 과장되었다'는 말도 잊을 만하면 들린다. 희생자 수가 과장되었으므로 히틀러 패거리의 잘못도 세간에 알려진 것처럼 큰 죄는 아니라는 주장. 억지 논리다. '히틀러가 수백만 명을 죽여 죄인이라는데 희생자 수에서 백만 명을 줄인다면 그만큼 살인죄를 깎아줘야 하지 않겠느냐'는 기괴한 셈법일 뿐이다. 움베르토 에코는 히틀러 옹호자들의 이러한 숫자 놀음을 '더러운 회계'라고 부르며 일축했다. '강제수용소에서 설령 단 한 명이 죽었다고 하더라도 그들은 살인자'라고 에코는 못을 박는다. 마음에 들지 않는다고 사람을 함부로 죽여선 안 된다. 어떤 점이 마음에 들지 않는다는 건지 확인해볼 필요도 없다. 너무 당연한 이야기지만, 그래도 하지 않을 수 없는 말이다. 히틀러 패거리는 살인자일 뿐이다.

3.
최근의 '종북' 몰이는 파시즘의 징후인가?

오래전부터 내려오던 말싸움의 기술이 있다. 논리가 달릴 때는 상대편을 역적으로 몰아세우는 것이다. 조선 시대에는 '사문난적'으로, 일제 강점기에는 '불령선인'으로, 냉전기에는 '용공좌파'로 낙인찍었다. 오늘날 일부 생계형 논객은 '종북'이라는 표현을 남발한다. '북한'이라는 꼬리표를 여기저기 붙이려는 시도는 앞으로도 계속될지 모른다. 걸핏하면 '볼셰비키의 음모'니 '국제 유대인의 음모'니 게거품을 물던 나치당이 연상되는 대목.

이것이 우리 사회에 찾아올 파시즘의 징후일까? 그런 것 같지는 않다. 물론 우리 사회 일각에 북한에 대한 혐오감이 있기는 하다. 하지만 과거 군사 정권 시절 '레드 콤플렉스'의 재현은 아닌 것 같다. 공산화를 막기 위해서라면 독재까지도 감내해야 한다던 반공주의의 광기와는 양상이 달라 보인다. 오히려 북한 체제의 획일적인 이미지로부터 과거 남한 사회를 옥죄던 군사 정권 시대의 망령을 연상하기 때문에 북한 정권이 싫다는 사람이 많다(북한의 이러한 이미지가 미디어를 통해 과장되어 있다는 비판도 있을지 모른다. 그런데 '북한 사회를 어떻게 볼 것인가' 하는 문제는 이 책의 범위를 벗어난다).

이른바 '종북' 몰이로 재미를 보려는 극우세력에 대해 많은 이들이 거부감을 가지고 있다. 매카시즘이 반드시 파시즘으로 이어지는 건 아니다. 다만 주류 미디어가 극우논객의 편향된 주장을 여과 없이 전달한다면 이야기는 달라질지 모른다. 얼마 전 종편 언론 한두 군데가 '80년대 민주화 운동 배후에 북한이 있다'는 검증 안 된 주장을 그대로 내보냈다가 여론에 뭇매를 맞았다. 기울어가는 군소 매체의 무리한 관심 끌기 정도로 일축되고 넘어갔지만, 영향력 있는 매체 여럿이 이런 주장을 밀어 준다면 어떻게 될까. 걱정이 되는 일이다.

4.
이 만화는 왜 히틀러의 집권 이후는 다루지 않았나?

신문 연재를 마친 후 "왜 갑자기 연재를 마치느냐? 다음에 일어난 일은 다루지 않느냐"는 질문을 자주 받았다. 갑자기 연재를 마친 것이 아니라 원래 기획이 여기까지였다. 제목부터가 『히틀러의 성공시대』. 듣보잡 논객이던 히틀러가 정권을 잡는 과정을 그리고 싶었다.

히틀러 하면 세계대전이 떠오르기 때문에 궁금해하시는 분이 많은 것 같다. 이후의 역사는 굽시니스트 작가의 『본격 제2차 세계대전 만화』 1, 2권에 잘 정리되어 있다. 국내에도 나왔던 『타임 라이프 제2차 세계대전사』 30권도 알기 쉽고 내용이 충실하다. 다만 미국 쪽 저널의 자료를 근거로 나온 책이라 그런지, 동부전선에 대해 충분히 다루지 않아 아쉽다. 독소전쟁에 대한 좋은 책들은 최근 소개된다고 한다(이른바 '전격전의 신화'도 새롭게 검증받는 모양이다).

어떤 독자님께는 군복 옷깃의 기장 하나하나가 철저히 고증되는 만화가 좋은 역사 만화일지도 모르겠지만, 무기의 제원이니 군의 계급이니 전쟁의 디테일을 따라가는 것은 내 능력과 관심 밖의 일이었다. 나는 바이마르 민주공화국이 어떻게 실패했는지 그 과정을 살펴보고 싶었고, 이언 커쇼나 로버트 O. 팩스턴 등 연구자 분들이 그 주제를 다룬 책을 읽었다.

내가 하고 싶은 이야기는 이것이었다. 민주주의란 얼마나 부서지기 쉬운가. 민주공화국은 얼마나 어이없이 무너지는가. 독일에서 여러 세대가 염원하던 공화국이, 전쟁과 혁명으로 어렵게 세운 민주주의가, 지식인과 예술가들이 겨우 만들어놓은 바이마르 예술 문화가, 천둥벌거숭이 같은 선동가에 의해 몇 개월 만에 싹 사라졌다. 그때 어떻게 이런 일이 가능했을까? 여전히 가능할까? 함께 고민하고 싶다.

히틀러
연 표

브뤼닝 내각의
분투와 몰락

1929년   세계대공황에 이은 정치 위기.

1930년   3월 27일 좌우연정 붕괴, 정국은 안개 속으로.

            3월 30일 하인리히 브뤼닝, 총리에 임명.

            8월 30일 선거전이 한창일 때 베를린 돌격대가 뮌헨의 나치당 지도부와 충돌.

            9월 14일 돌격대 위기에도 불구, 총선에서 나치당 약진. 제2당으로 떠오르다.

            연말에 에른스트 룀이 돌아와 돌격대 참모장을 맡다.

1931년   3월 돌격대 갈등이 다시 고조되는 가운데 괴벨스가 암살 자작극을 연출.

            4월 이른바 '슈테네스 반란'과 뒤이은 대숙청.

            10월 극우파들의 집회. 이른바 '하르츠부르크 전선' 결성.

1932년   2월 뒤스터베르크가 극우세력 후보로 추대되나 히틀러는 거부. 괴벨스가 발행하는 신문에서 뒤스테베르크의 '신상을 터는' 기사를 내보냄.

            2월 22일 히틀러가 대선 출마를 선언.

            3월 13일 대통령선거 1차 투표.

            4월 10일 대통령선거 2차 투표.
            대선 직후, '돌격대 금지령'으로 나치당과 정부 사이의 갈등 심화.

            4월 몇몇 지방의회 선거에서 나치당이 큰 성공을 거둠.

            4월과 5월 슐라이허와 히틀러의 비밀 회동.

            5월 30일 브뤼닝 총리의 해임.

파펜 내각의 어이없는 행보

1932년   6월 1일 파펜 총리가 '귀족 내각'을 구성하고 여론의 비웃음을 사다.

6월 4일 의회 해산.

6월 14일 돌격대가 공권력을 비웃는 집회를 열지만 경찰은 진압하지 못하다.

6월 16일 '돌격대 금지령' 철회. 이후 돌격대와 공산주의자 사이에 유혈 충돌.

7월 19일 파펜의 주도로 프로이센 주의 지방정부가 무너지다. '프로이센 쿠데타'. 프로이센 지방정부는 실질적인 저항을 포기함.

7월 31일 총선으로 히틀러 당이 제1당이 됨.

8월 히틀러가 대통령 측근들에게 전권을 요구.

8월 13일 히틀러와 힌덴부르크 대통령의 면담. 대통령은 히틀러의 전권 요구를 단호히 거절.

8월 말 정치 테러 금지령 발표 직후 돌격대원들이 좌파 청년을 습격하여 살해함(포템파 사건). 이들이 사형선고를 받자 나치당은 오히려 정부를 비판했고 결국 감형됨(나중에 방면).

9월 12일 총리 불신임안 해프닝. 다시 한 번 의회 해산.

11월 6일 다시 총선. 나치는 제1당을 지켰으나 많은 유권자를 잃음. 파펜을 지나치게 공격한 것, 좌파 표를 노려 운수 노동자 파업을 지지한 것 등이 기존 지지층을 실망시킴.

11월 17일 파펜이 총리직 사임.

갈팡질팡하는 슐라이허 내각

1932년 12월 4일 슐라이허 장군이 대통령 내각의 새 총리로 취임.

12월 5일 나치당 2인자 슈트라서가 슐라이허 내각을 용인하자고 제안했다가 히틀러와 충돌.

12월 이른바 '슈트라서 위기'. 히틀러와 슈트라서의 갈등으로 당이 분당되기 직전까지 가다.

1933년 1월 4일 파펜과 히틀러의 밀회. 대부분의 언론이 밀회의 의미를 잘못 해석하는 동안 파펜과 히틀러 사이에서 권력을 둘러싼 거래가 이루어지다.

1월 22일 파펜의 주선으로 히틀러와 대통령 아들 오스카르 폰 힌덴부르크가 만남.

1월 30일 힌덴부르크 대통령, 히틀러를 총리로 임명.

2월 27일 국회의사당 화재 사건. 나치는 이 사건을 조직적인 계획범죄로 규정하고 공산당 탄압의 빌미로 삼음.

3월 5일 바이마르 공화국의 마지막 총선. 나치당의 공공연한 관권선거.

3월 중순 유대인 상점에 대한 불매 운동이 시작됨.

히틀러 시대의 무시무시한 개막

1933년 3월 21일 히틀러 총리 취임을 기념하는 '포츠담의 날' 행사. 히틀러는 국민의 단합을 강조.

3월 22일 다하우에 좌파를 잡아 가두는 강제수용소 오픈.

3월 23일 '수권법' 통과로 행정부가 의회의 입법권을 가로채다. 의회 민주주의의 소멸.

5월 2일 노조 파괴.

5월 10일 책 2만 권을 불사른 '분서 사건' 발생.

7월 14일 유전병 환자들에 대한 '국가 불임법'이 내각에서 통과됨.

8월 독일 사회 전반에 걸친 '일체화' 작업 완료.

1934년 6월 30일 '긴 칼의 밤'. 히틀러의 옛 동료였지만 훗날 틀어진 인사들에 대한 조직적인 암살 사건.

8월 대통령 힌덴부르크 사망으로 히틀러가 총리와 대통령직 겸직.

1935년 9월 인종차별법인 '뉘른베르크 법'이 선포되어 11월부터 발효.

1938년 11월 10일 '수정의 밤' 사건. 사복을 입은 돌격대원들이 유대인에 대해 대대적인 테러를 벌임.

1939년 9월 1일 폴란드 침공. 2차 대전의 시작.

참고문헌과
더 읽을거리

내용을 구성하기 위해 1권에 이어 다음과 같은 책들을 읽다 :
- 『히틀러 1: 의지 1889~1936』, 이언 커쇼 지음, 이희재 옮김, 교양인, 2010.
- 『히틀러 평전 1』, 요아힘 페스트 지음, 안인희 옮김, 푸른숲, 1998.
- 『광기와 천재: 루소에서 히틀러까지 문제적 열정의 내면 풍경』, 고명섭 지음, 인물과사상사, 2007.
- 『아돌프 히틀러』, 하랄트 슈테판 지음, 최경은 옮김, 한길사, 1997.
- 『파시즘: 열정과 광기의 정치 혁명』, 로버트 O. 팩스턴 지음, 손명희·최희영 옮김, 교양인, 2005.
- 『유럽의 시민전쟁 1917~1945』, 에른스트 놀테 지음, 유은상 옮김, 대학촌, 1996.
- 『논쟁 – 나치즘의 역사화?』, 구승회 지음, 온누리, 1993.
- 『독일 제3제국의 선전 정책』, 데이비드 웰시 지음, 최용찬 옮김, 혜안, 2001.
- 『나의 투쟁』, 아돌프 히틀러 지음, 이명성 옮김, 홍신문화사, 2006.
- 『괴벨스: 대중 선동의 심리학』, 랄프 게오르크 로이트 지음, 김태희 옮김, 교양인, 2006.
- 『제3제국의 흥망 1: 히틀러의 등장』, 윌리엄 L. 샤이러 지음, 유승근 옮김, 에디터, 1993.
- 『아르투로 우이의 저지 가능한 상승』, 『브레히트의 두 편의 희곡: 어머니』 외 중, 베르톨트 브레히트 지음, 김미혜 옮김, 현대미학사, 1994.
- 『바이마르 공화국의 역사: 독일 민주주의의 좌절』, 오인석 지음, 한울, 1997.
- 『Historic Berlin』, Paul Wietzorek, Michael Imhof, 2008.

당시 베를린의 생활상을 2권에 고증하기 위해 다음의 자료를 보다 :
- 『Die Zwanziger Jahre in Berlin: Ein Wegweiser durch die Stadt』, Michael Bienert/Elke Linda Buchholz, Berlin Story Verlag, 2010.
- 『PastFinder Berlin』, Vilibald P. Barl, PastFinder Ltd., 2011.
- 『Berlin: A Short History』, Christian Härtel, (Penny Croucher 英譯), Berlin-Brandenburg, 2006.
- 『German Historical Museum Berlin: German History in Pictures and Documents』, Leonore Koschnick(ed.), Prestel Museum Guide, Prestel, 2006.
- 『Weimarer Republik und NS-Regime 1918-1945: in der Ständigen Ausstellung des Deutschen Historischen Museums』, Deutsches Historisches Museum, 2008.
- 『Kunst und Propaganda: Im Streit der Nationen 1930-1945』, Deutsches Historisches Museum, 2007.
- 『Zuwanderungsland Deutschland: Migrationen 1500-2005 / Die Hugenotten』, Deutsches Historisches Museum, 2005.

본문 이미지 자료 목록

20쪽_ 선동 연설가 히틀러: Bundesarchiv, Bild 102-13774 / Heinrich Hoffmann
42쪽_ 발터 슈테네스: Bundesarchiv, Bild 119-2608 / o.Ang.
66쪽_ 후겐베르크: Bundesarchiv, Bild 146-2005-0129 / o.Ang.
76쪽_ 1928년, 베를린 승전 기념탑 위로 날아가는 비행선: Bundesarchiv, Bild 102-06615 / o.Ang.
90쪽_ 하인리히 브뤼닝: Bundesarchiv, Bild 119-2600 / o.Ang.
100쪽_ 뒤스터베르크: Bundesarchiv, Bild 102-13167 / o.Ang.
110쪽_ 에른스트 텔만: Bundesarchiv, Bild 102-12940 / Georg Pahl
126쪽_ 1927년 베를린, 텔만과 붉은전사동맹: Bundesarchiv, Bild 183-Z0127-305 / o.Ang.
150쪽_ 빌헬름 그뢰너: Bundesarchiv, Bild 102-01049 / Georg Pahl
166쪽_ 프란츠 폰 파펜: Bundesarchiv, Bild 183-S00017 / o.Ang.
178쪽_ 쿠데타에 항거하는 시위대: Germany against the Kapp-Lüttwitz putsch 1920, photograph of a demonstration in Berlin.
222쪽_ 게오르게 그로츠의 풍자화「아돌프 히틀러」: "Adolf Hilter" Lithograph - Signed in ink over pencil by George Grosz.
232쪽_ 동지에서 적으로, 1932년의 파펜과 슐라이허: Von Papen y Von Schleicher en 1932, Robert Sennecke, Bibliothèque nationale de France.
252쪽_ 1인자와 2인자, 1927년 당 대회의 슈트라서와 히틀러: Bundesarchiv, Bild 146-1969-054-53A / o.Ang.

※ 게재 허락을 받지 못한 아래의 사진에 대해서는 저작권자가 확인되는 대로 정식 동의 절차를 밟겠습니다.
312쪽_ 리하르트 그루네「연대」(1948):「Solidarity」, Richard Grune, Schwules Museum, Berlin.

히틀러의 성공시대 2

ⓒ 김태권 2013

초판 1쇄 발행 2013년 6월 10일
초판 2쇄 발행 2016년 7월 4일

지은이 김태권
펴낸이 이기섭
편집인 김수영
기획편집 김준섭
마케팅 조재성 정윤성 한성진 정영은 박신영
경영지원 김미란 장혜정

펴낸곳 한겨레출판(주) www.hanibook.co.kr
등 록 2006년 1월 4일 제313-2006-00003호
주 소 121-750 서울시 마포구 공덕동 116-25 한겨레신문 4층
전 화 02) 6383-1602~1603 **팩스** 02) 6383-1610
대표메일 munhak@hanibook.co.kr

ISBN 978-89-8431-637-9   04900
      978-89-8431-636-2   (세트)

※ 책값은 뒤표지에 있습니다.
※ 파본은 구입하신 서점에서 바꾸어 드립니다.
※ 이 책의 일부 또는 전부를 재사용하려면 반드시 저작권자와 한겨레출판(주) 양측의 동의를 얻어야 합니다.